KINZAI バリュー叢書

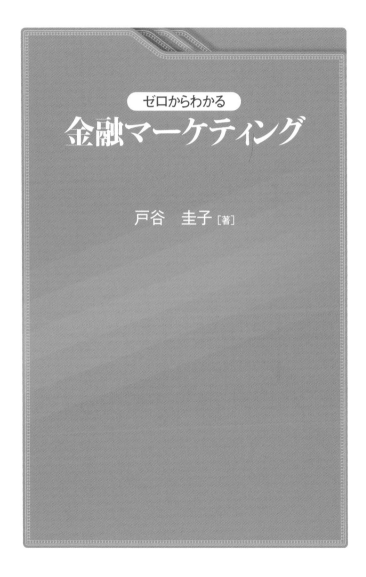

ゼロからわかる
金融マーケティング

戸谷　圭子 [著]

一般社団法人 金融財政事情研究会

はじめに

なぜこれからの金融パーソンは、マーケティングを学ぶ必要があるのか。

(1) 似て非なるセールスとマーケティング

マーケティングというと、どのようなイメージをおもちでしょうか。皆さんが消費者の一人として普段接するTVコマーシャルであったり、新商品開発のニュース、あるいはメールや郵便で届くダイレクトメール、そういったものがマーケティングのイメージではないでしょうか。

でも、広告宣伝や販売促進はマーケティング活動のなかのごくごく一部でしかありません。

また、セールス担当者がお客様に商品を買ってもらうためのノウハウを想定する人もいるかもしれません。マーケティングはセールスとも異なります。

長い間、マーケティングという機能がなかった金融業界はもとより、多くの業界でセールスとマーケティングが混同されています。

これから勉強するマーケティングは、企業活動の柱といっても良いものです。カバーする範囲も広く、時間軸も長くなります。マーケティングと経営戦略は1枚のコインの表と裏のような関係だとよくいわれます。経営戦略は企業の戦略を内部のヒ

ト・モノ・カネ・情報などの経営資源の配分に重点を置いて行うものです。一方、マーケティングは同じことを外側、つまりお客様の視点に重点を置いて行うものなのです。

(2) 現場で使えるマーケティングを学ぶ

皆さんがマーケティングを学ぶことは、2つの意味で重要です。

第一に、皆さん自身の勤める金融機関にとって必要な金融マーケティングが学べます。マーケティングは本部だけが行うものではなく、支店や現場で顧客と相対する個々の職員によっても行われるものなのです。

第二に、皆さんのお客様である地域の企業のマーケティング、ひいては経営をサポートするために必要な武器にもなります。言い換えれば、企業のお客様を相手にビジネスを行う（B to B）業界で働く人すべてにとって必要な武器ともいえます。

第1章・第2章ではそのための基本的なマーケティングを、また第3章ではサービスのマーケティングを学びます。第4章では、金融機関でのさまざまなマーケティングを現在の金融環境をふまえて第1章・第2章で学んだマーケティングの考え方をより深めるかたちで学びます。

(3) お客様の視点

金融機関にお勤めの皆さんは普段から法人のお客様に対し

て、預金や融資などの金融商品の提供や、財務面でのアドバイスなどはされていると思います。けれども、地域とともに生きていく金融機関の仕事は金融商品販売に直接関係する部分だけでは終わりません。

　成熟社会である日本では、消費者の価値観が多様化・高度化し、企業はAIやIoTなどの技術を使いこなしながら、より個別化されたニーズに対応していく必要があります。これまでの商品をこれまでの方法で売っていけばよい、という時代ではないのです。銀行のお客様である法人顧客にとっても、厳しい市場環境です。

　金融機関の職員として法人のお客様に真に信頼される存在となるためには、そのお客様の事業の存続・発展や、さらにその先にいる、お客様のお客様、最終個人顧客の生活の質をより良くしていくために役立つアドバイスができるようになることが重要です。そのために、市場を創造していく活動であるマーケティングの知識やスキルは必須になります。

(4)　金融機関の視点

　一方、お客様と同じように、皆さん自身がお勤めの金融機関や所属支店でもマーケティングの知識やスキルは必要とされています。特に、扱う財が無形のサービス、そのなかでも、お金という特殊な財を対象とする金融サービスには、特有のマーケティングが必要です。金融は目にみえない無形財であるばかりか、お客様の本来の目的を達成するための「媒介財」なので

す。法人であれば、事業を起こしたい、生産設備を購入したいなど、個人であれば、家を買いたい、将来への備えをしたいなど、お客様のニーズは金融の先にあります。そういったお客様の思いの実現を金融の仕組みでいかにサポートするか、そのための仕組みづくりをするのが金融サービスのマーケティングです。そこで、第3章でサービス、第4章で金融サービスのマーケティングを体系的に学びます。

　マーケティングの知識とスキルを身につけ、日々の業務に生かしていきましょう。

2018年11月

戸谷　圭子

目　次

第 1 章　マーケティングの基礎知識

1　マーケティングの定義 …………………………………… 2
　(1)　Market + ing = 市場化する ≠ セールス ………… 2
　(2)　「マーケティングが機能すればセールスは不要になる」
　　　（ピーター・F・ドラッガー）……………………… 3
　(3)　現代のマーケティング ……………………………… 4
2　共創マーケティングの時代へ …………………………… 11
　(1)　個人が価値をつくるシェアリング・サービス …… 11
　(2)　ネットとアプリが実現した共創サービス ………… 14
　(3)　企業（組織）・従業員・顧客＋社会が共創しビジネ
　　　スに ………………………………………………… 15
　(4)　共創価値を構成する3つの価値 …………………… 16
　　　■ コラム　顧客同士の価値共創 ………………… 20
3　顧客満足と顧客ロイヤルティ …………………………… 22
【第1章の振り返り】……………………………………………… 27

第 2 章　基本的なマーケティング戦略

1　市場分析 …………………………………………………… 30
　(1)　3C分析 ……………………………………………… 30

(2) PEST分析 ……………………………………………31
　(3) SWOT分析 ……………………………………………33
　(4) VRIO分析 ……………………………………………37
　　■ コラム　街の小規模整骨院の場合 ……………………40
　(5) 5フォーシズ分析……………………………………45
2　戦略構築：STP分析 ……………………………………49
　(1) セグメンテーション…………………………………50
　(2) ターゲティング………………………………………53
　(3) ポジショニング………………………………………54
　　■ コラム　STP …………………………………………56
3　戦術策定………………………………………………………58
　(1) マーケティング・ミックス4P ……………………58
　(2) 4Pのシナジー ………………………………………63
　　■ コラム　マーケティング・ミックス(4P)……………65
【第2章の振り返り】……………………………………………68

第3章　サービスのマーケティング

1　サービス・マーケティング戦略……………………………73
　(1) サービス経済の時代…………………………………73
　(2) サービスの特性：IHIP ……………………………80
2　サービス・マーケティング・ミックスの7P …………85
　(1) サービス・マーケティング・ミックスの7P …………85
　　■ コラム　東京ディズニーランドの7P…………………91

⑵ サービス・トライアングル……………………………………95
⑶ サービス・エコシステム………………………………………97
- コラム　伊那食品工業株式会社のサービス・エコシステム …………………………………………………………… 100
⑷ 外部従業員と内部顧客………………………………………… 103
⑸ 長期共創価値…………………………………………………… 104
【第3章の振り返り】………………………………………………… 108

第4章　金融マーケティング

1　金融環境の変化……………………………………………… 113
⑴ 金融環境の変化………………………………………………… 113
⑵ 金融における共創の時代……………………………………… 116
⑶ 新規参入者の特徴……………………………………………… 117

2　金融マーケティングの特徴……………………………………… 121
⑴ 金融商品の特徴とマーケティング…………………………… 121
⑵ サービス・トライアングルとサービス・エコシステム …………………………………………………………… 124
⑶ マーケティングとセールスの関係…………………………… 125
⑷ BtoC顧客のニーズと金融マーケティング ………… 126
- コラム　住宅ローンの債務者にはライフスタイルの選択肢はない？ ………………………………………………… 135
⑸ BtoB顧客のニーズと金融マーケティング ………… 137
【第4章の振り返り】………………………………………………… 140

おわりに……………………………………………… 142
事項索引……………………………………………… 143

第 1 章

マーケティングの基礎知識

1.1 マーケティングの定義

(1) Market + ing = 市場化する ≠ セールス

第1章では、主に基本的なマーケティングについて学びます。まず、日常的に使われているマーケティングという言葉の正しい意味について考えてみましょう。

英語のマーケティング（Marketing）という言葉は、Market（マーケット）にing（行う）をつけたものです。Marketは名詞では「市場」ですが、動詞では「市場化する」、という意味で使われます。つまり、市場をつくる活動、それをまさに行う（ing）ことがマーケティングなのです。

ここでの市場は、場所ではなくお客様の集まりのことをいい

図表1-1　マーケティングとは

Market+ing

- Market＝市場化する、市場に出す、市場を創造する
- ing　　＝〜すること、〜する活動

Marketing＝市場を創造する活動

すべての企業にマーケティングは必要

ます。

(2) 「マーケティングが機能すればセールスは不要になる」（ピーター・F・ドラッガー）

マーケティングはよくセールスと混同されます。すでにある市場、目の前にいる顧客にうまく売る手法のことだと誤解されるのです。目の前の顧客にセールスパーソンが販売する際の手法は、マーケティングのなかではコミュニケーションという分野のなかの販売促進、さらに、そのなかの人的販売（セールス）というごくごく狭い範囲に当たります。セールスはマーケティングの一部ではありますが、セールス＝マーケティングではないのです。

経営学の大家、ピーター・F・ドラッガーは、「マーケティングが機能すればセールスは不要になる」といっています。

商店やメーカーは、目の前にお客様がいる、つまり、店舗にお客様が来てくれる、訪問すれば担当者が会ってくれる、という状況をつくりだすために大変な努力をしています。これまでは、銀行の支店にはお客様がやむをえない用事で来店してくれていたので、そこから先だけを考えればよいと思いがちです。しかし、インターネットバンキングやモバイルバンキング、流通業の金融参入などでチャネルは増え、お客様に来店してもらうことはすでにむずかしくなっています。たとえ目の前にお客様がいても、その人・その会社のニーズにあった商品・サービスを品揃えのなかにもっていなければ、セールスはうまくいか

ないでしょう。商品・サービスを気に入ってもらえても、支払方法やデリバリーのタイミングがあわなければ、やはり購買には至りません。また、次も買ってもらったり、他の人に紹介してもらったりするための工夫も必要です。それらをすべて含めて、全体として売れる仕組みをつくることがマーケティングなのです。

　マーケティングをひとことでいうと、
「売れる仕組みづくり」
ということになります。
　はじめにで、マーケティングと経営戦略は表裏一体の関係にある、といったことの意味がおわかりいただけたのではないでしょうか。

(3)　現代のマーケティング

　マーケティングが「売れる仕組みづくり」である以上、その時代その時代で変化する企業と顧客の関係性に応じて変化するのは当然です。具体的にどう変わってきたのか、マーケティングの歴史を振り返りながら、もう少し深く考えてみましょう。
　マーケティングは19世紀中頃のアメリカの産業革命の頃に生まれ、「マーケティング」という言葉で世の中に知られるようになったのは20世紀の初めです。それから約100年、社会・経済環境は大きく変化してきました。
　ここで、アメリカのマーケティング協会（American Marketing Association、以下AMA）のマーケティングの定義を

みてみましょう。AMAは会員3万人を誇る世界最大のマーケティング機関で、書籍や論文誌の発行や研修などを行っています。

　図表1-2に過去のものから順にマーケティング定義を並べました。

　AMAは1960年に最初の定義を設定、1985年に改定、2004

図表1-2　AMA マーケティング定義の変遷

1960年定義　（一方向）

マーケティングは、生産者から消費者あるいは利用者に、商品およびサービスの流れを方向づける種々の企業活動の遂行である。

1985年定義　（双方向）

マーケティングは、個人や組織の目的を満足させる交換を創造するために、アイデア・製品・サービスの概念化、価格設定、プロモーション、流通を計画し実施するプロセスである。

2004年定義　（関係管理）

マーケティングとは、組織とその利害関係者の利益となるように、顧客に価値を創造・伝達・流通し、顧客との関係を管理するための組織的な機能や一連のプロセスである。

2007年定義　（社会価値）

マーケティングとは、顧客、依頼人、パートナー、社会全体にとって価値のある提供物を創造・伝達・配達・交換するための活動であり、一連の制度、そしてプロセスである。

年、2007年[1]に再び改定を行っています。定義の変更は、マーケティングの役割の歴史的変化を表しているので、これに沿って説明していきます。

1960年定義

1960年の最初の定義は、生産者から消費者に対する一方通行の活動、とされている点に特徴があります。企業（生産者）からお客様（消費者あるいは利用者）に対して、商品やサービスに関する情報を流し、その商品を届ける、サービスを提供する企業活動という位置づけです。

この頃、先進国の多くで、モノの生産手段が効率化されて大量生産が可能になりました。モノ自体が不足していて、つくればいくらでも売れるという時代が終わり、企業はマーケティングという方法を使ってうまく売る、ということが必要になっていたのです。したがって、この時点では、定義も、企業寄り、提供者寄りの見方で作成されています。この時のお客様は、企業からの働きかけを一方的に受けて反応するだけの受動的な存在とされていました。

1985年定義

1985年の定義で、マーケティングは一方通行から双方向に変わります。社会が成熟するにつれ、消費者の力が強くなり、企

1　2018年10月現在、AMAのホームページでは、2013年7月と記載されている。

業と消費者は対等な立場で交換を行えるようになったのです。企業・団体など（組織）と並んで、「お客様（個人）の目的を満足させる交換を創造する」、となっていることからわかるように、お客様が商品・サービスの購買から得られる価値をつくることで初めて企業はお客様からいただく代金との交換が可能になると考えていることがわかります。売上げや利益をあげるという企業側の一方的な動機だけではだめなのです。

　この定義でもう1つ重要な点は、マーケティングが行うべきこととして、アイデア・商品・サービスの概念化、価格設定、プロモーション、流通の4つを計画・実施することと明記されていることです。この4つは、**マーケティングの4P**（商品：Product、価格：Price、プロモーション：Promotion、流通：Place）と称され、現在でもよく使われるフレームワークとなっています。

2004年定義

　さらに、それから約20年後の2004年に3度目の定義の改定が行われました。マーケティングに関係する者は、1985年の定義では個人と組織という二者のみでしたが、2004年定義では、組織とその利害関係者、と範囲を大きく広げました。利害関係者には、顧客はいうまでもなく、従業員・債権者・株主・地域住民企業・行政・サプライヤーなどが含まれます。

　加えて、マーケティングの役割を、交換から顧客との関係の管理、と変更した点が前回との大きな違いです。これは、お客

様に製品やサービスを売って終わり、ではなく、長期にわたってそのお客様との関係性を維持しなければならないという意味です。

この考え方に基づくのが、**関係性マーケティング**（CRM, Customer Relationship Marketing）です。この頃にはもう先進国の人口減少や経済成長の鈍化、地球環境の悪化や資源の枯渇などが顕在化し、市場が無限に拡大するものではないことはだれもが認識していました。同時に、企業は新規のお客様を獲得するよりも、既存のお客様との取引を大事にして長く取引を続けてもらうほうが、ずっと収益率が高いことがわかってきました。長く取引を続けてくれ、その企業や製品のファンになってくれたお客様は、製品のアイデアやサービスの改善点を教えてくれたり、他の人に口コミで勧めてくれたりもします。

2007年定義

1990年代は、情報化が著しく進んだ時期です。コンピュータの性能がはるかによくなり、企業は顧客の取引データなどさまざまな情報を蓄積できるようになりました。そのデータを分析してマーケティングに利用する方法も多数出てきています。そういった社会や技術の状況の変化が、関係性マーケティングの誕生を後押しし、AMAがマーケティングの定義を変えることとなったのです。

このように、2004年に大きな改定があったにもかかわらず、わずか3年後の2007年に再び、マーケティングの定義は書き換

えられます。

　これは、2004年の定義が、読みようによっては組織（企業）が顧客を管理するという、組織サイドに偏った定義になっているという批判があったためです。管理という言葉は、活動に変更されました。価値の創造・伝達・配達・交換するための活動とされたのです。

　2007年の定義の最も大きな変更点は、マーケティングが扱う価値を、社会全体にとっての価値、としている部分です。現代では、企業活動はより厳しい社会の目にさらされるようになっています。フェアトレードをしていない企業、ひどい労働条件のもとで従業員を働かせている企業、地球環境を破壊している企業、不正な会計処理をしている企業などが、厳しい社会的批判を受けるようになりました。従業員に長時間労働や極端なノルマを課すブラック企業は、ネット上やメディアで繰り返し取り上げられ、採用がむずかしくなったり、トップの辞任に追い込まれたりしています。従業員が自殺した広告代理店で社長が辞任した事件などは、記憶に新しいところです。情報技術の進歩、特にインターネットの普及によって、ブログやSNSなどを使った消費者の情報発信力が強くなったことが背景にあります。企業が社会に反することをしていれば、その悪評は世の中に素早く広範囲に伝わります。逆に、社会に貢献していれば、それも素早く広範囲に広がり、支持してくれるお客様が増えるのです。

　現代はどのような企業でも社会のメンバーとして、本業を通

じて世の中に求められている役割を果たす、つまり社会的責任を果たすことが求められます。特に、金融機関は経済の基盤になるお金を扱う業種です。企業や人々の生活への影響が大きく、果たすべき社会的役割も大きいのです。

　まとめると、マーケティングとは、社会から求められる企業の役割を果たすために、社会全体にとって価値のある製品やサービスをつくりだし、人々にその価値を伝え、人々の手元に届け、別の価値（金銭とは限らない）と交換する、そういった一連の仕組みをつくる活動のことを意味します。

1.2 共創マーケティングの時代へ

　AMAの2007年の定義から、時代が止まったわけではありません。その間も社会は変化し続けています。

　2018年現在のマーケティングの方向性は、名づけるなら

　「共創マーケティング」

となるでしょう。

　共創とは、ステークホルダー、たとえばお客様と企業が共に価値を創るという意味の造語です。

　2004年の関係性マーケティングは、商品・サービスを提供する企業側がお客様を管理するという色合いが強く、企業視点のものでした。2007年には管理という表現ではなくなったものの、やはり社会にとっての価値をつくる主役は提供企業でした。現在の主役は、企業+顧客であると考えられています。

(1) 個人が価値をつくるシェアリング・サービス

　近年よく聞くシェアリング・サービスについて考えてみましょう。移動や宿泊などのシェアリング・サービス企業のニュースは皆さんもよく耳にされるでしょう。Uberはタクシーのような移動サービスですが、主役になるのは個人です。ある人が自分の空き時間に、自分が所有する車を、自分で運転して、移動したいと思っている別の人を乗せてあげて、その人から料金

をもらいます。Uberという会社は、その個人と個人を結びつけるアプリケーションをつくり、価格・ルート・決済の仕組みを提供して、それらを運営することで収益を得ています。ここでは、個人から「車」というモノの財と「運転」というサービス財が経営資源として提供されることでビジネスが成立しているのです。Airbnbはこのホテル版で、個人の所有する遊休不動産とそれを使いたい人をマッチングして、手数料収益を得ています。ライドシェア、イベントシェア、クラウドファンディングなど、同じような仕組みのシェアリング・ビジネスはどんどん生まれていて、シェアリング・エコノミーの時代とまでいわれています。

　さて、なぜシェアリングはこれほどブームになっているのでしょうか。

　1つは、資源が無限ではない、ということに多くの人が気づき始めたことです。つくっては売り、買っては捨てて次を買う、というサイクルを続けてきたことが、どんどん地球環境を悪化させているのではないか、大気や土壌を汚染し、気候変動を生み、やがては資源を枯渇させるのではないか、そういった危機感が高まってきています。

　たとえば、自家用車の日本での普及率は2018年3月時点で70％[2]です。しかし、それらの車は9割の時間は駐車場に置かれたまま使用されていません。これ以上車を買い替えたり、新

2　内閣府「消費動向調査」2018年3月調査より。数値は総世帯。

たに買ったりする必要は本当にあるのか、空いている9割の時間の一部でも、その車を他の人とシェアしたほうが自分のためにも世の中のためにもなるのではないか、そんな発想がシェアリング・サービスの基本思想です。

　もう1つは、サービス品質を維持する仕組みです。Uberの料金は需要と供給の関係で決まります。まったく同じルートであっても、たとえば朝の4時に乗るときには供給側が少ないので、価格は通常より3割増しくらいになります（といっても通常はタクシーより安いのですが)。

　安いからといって知らない人の車に乗るなんて怖い、と思う人もいるでしょう。そのため、Uberには、利用した人が運転手を評価する仕組みがあります。利用者からの評価が基準より低いドライバーは契約を解除され、優良ドライバーしか残りません。これまで利用者は、よく名前を知られている大企業だから、TVコマーシャルなどでよく見かけるブランドだから、といったことを安心の源にしてきましたが、シェアリングでは多くの利用者の評価が積み重なることで品質が維持され、利用者に安心を提供します。目的地に到着すると、料金は事前に登録したクレジットカードに事前に決めた料金が自動的に課金されるので、ドライバーと支払いのやりとりをする必要はありません。突然高い料金を提示してきたり、チップを要求されたりするトラブルや煩わしいやりとりもしなくてすみます。

　スマートフォンのGPS機能を使って、利用者も運転手もお互いがいまどこにいるかがリアルタイムでわかるので、ピック

アップに失敗することはありませんし、ナビがあるので素人のドライバーでも道を間違えずに目的地に着けます。

(2) ネットとアプリが実現した共創サービス

これらのビジネスの土台には、インターネットを中心とする情報技術の進展と普及があります。車や運転サービスを提供したい人、空いている部屋を貸したい人と、そのサービスを一定のフィーを払って利用したい人、その両者をつなぐ、リアルタイムで、かつ、使い勝手のよい場をつくることができたのは情報技術の賜物です。

スマートフォンの普及で、利用者と提供者の情報技術リテラシーが向上していたこと、つまりすでにアプリケーションを使ってなんらかのサービスを利用することに慣れた人が十分いたことも成功の重要な条件でした。

シェアリング・サービスは、関係者がビジネスに必要な資源を提供してくれるからこそ成立します。移動サービスでいえば、ドライバーは車と運転サービスを、利用者はアプリでの出発・目的地の設定やドライバー評価という情報を、そして企業はマッチングの仕組みを提供し、遊休資源を活用するという社会的ニーズにも応えている、すべてがそろってビジネスになる、まさに「共創サービス」なのです。

(3) 企業（組織）・従業員・顧客＋社会が共創しビジネスに

では、共創がもたらすものは何なのかについてもう少し考えてみましょう。共創活動の結果、関係者はなんらかの価値を受け取ることができます。その価値は、互いに資源を提供しそれを統合することでつくられる価値という意味で「共創価値」と呼びます。

共創はだれとだれの間で起こるのでしょうか。図表1－3のように、共創の関係者は基本的に三者存在します。企業（組織）・従業員・顧客です（サービス・トライアングル、第3章3.2(2)で詳述）。提供者である企業（組織）と顧客の間では当然共創関係があり、共創価値が生まれます。企業（組織）とそこで働く従業員の間にも、従業員と顧客の間にも共創関係は成立します。実際のビジネスを思い浮かべてみれば、これにステークホルダーであるサプライヤーや販社、株主、行政機関、地域企業や地域住民などが加わり、複雑で幅広いネットワーク関係が成

図表1－3　サービス・トライアングル

図表1-4　サービス・トライアングル＋社会

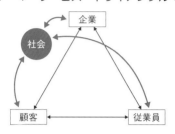

立していることがわかります（図表1-4）。それらのステークホルダーは、ネットワークのあちこちでつながり、共創する相手になりうるのです。

もう1つのポイントは、共創される価値は必ずしも経済的な価値とは限らないということです。では、共創される価値にはどのような種類があるのでしょうか。

⑷　共創価値を構成する3つの価値

共創価値には機能価値と、知識価値、感情価値の3種類があります（図表1-5）。

機能価値

機能価値は、サービス提供者がその価値の提供を事前に約束していて、契約関係のなかに明示的に含まれているものです。ちゃんと提供されて当たり前だと顧客は思っているし、そのクオリティには企業も気を配っています。タクシーでいえば、利用者をある地点でピックアップして、最適な経路をたどり、目

図表1-5　共創価値の種類

機能価値 FV	企業がそのビジネスでコアサービスとして、提供することを事前に約束し、顧客が対価を支払って購入する基本的な価値
知識価値 KV	企業や従業員の活動、顧客の知識やスキル向上に作用し、逆に顧客に関する知見が企業側に蓄積し、Co-ProductionやCo-Creationに結びつくことによる価値
感情価値 EV	企業・従業員・顧客の相互作用が生み出す正の感情がモチベーションを向上させ、Co-ProductionやCo-Creationに結びつくことによる価値

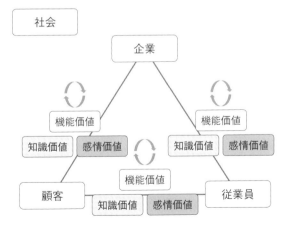

図表1-6　関係者間でつくられる共創価値

的地で降ろすということです。

知識価値

　知識価値は、互いに関する情報やデータが蓄積して価値のある知識となったものをいいます。企業が顧客のことを知れば知るほど、好みにあわせた製品やサービスを提案できたり、顧客が企業のことを知れば知るほど購入手続が楽になったり上手な使い方を発見したりできるようになります。たとえば、Amazonは顧客の取引履歴をデータとして蓄積していて、膨大なデータを分析することである人の好みの本や商品が新たに発売されたときにメールやWeb上でオススメをします。逆にユーザーの評価・感想の蓄積はサイトの価値を高め、さらには、製品やサービスの改善点のヒントをくれることもあるでしょう。この価値はBtoBでより生まれやすいといえます。相手企業のビジネス環境、競合状態やサプライヤーとの関係、制度や商慣行などを知れば知るほど、より価値の高い提案ができます。

感情価値

　一方、感情価値や知識価値は実はとても重要であるにもかかわらず、機能価値のように契約書に書きにくい、数値化しにくいものです。感情価値は、文字どおり相互作用のなかで生まれる短期・長期の感情の価値です。会話を楽しいと思ったり、相手の示してくれる配慮に嬉しくなったり、機能やデザインに感動したりすることは、感情的な価値なのです。より長期的な感

情については安心を感じるというのもそうですし、その企業の顧客であること、製品・サービスを使用していることを誇りに思うこともあるでしょう。

　これらの共創価値は、顧客と従業員間でも、企業と従業員間でも、企業と顧客間でも生じます（図表1－6）。さらには、顧客間でも、企業と社会の間でも生まれます。先述したとおり、現在の企業は関係者すべてにとっての価値をつくり続けるビジネスを求められます。いかにこの共創価値をつくりだし、分配し、再生産する仕組みをつくっていくかがこれからの企業の成功のカギだといっても過言ではありません。

顧客同士の価値共創

　筆者が以前住んでいた京都での話です。京都は年間8,700万人、外国人観光客だけでも300万人が訪れる日本有数の観光地です。京都市は長年、都だったこともあり、歴史を感じさせる「古都、京都ならでは」を楽しみに来る人も多くいます。

　京都文化の1つに和食があります。筆者が住んでいた街にも日本料理や割烹のお店が軒を連ねていました。そのなかでも、特に印象に残っているお店があります。

　そのお店は、オフィス街である四条烏丸の大通りから少し奥に入った静かな住宅街にあります。店内はお世辞にも広くありませんが、ゆっくりと食事を楽しめる雰囲気です。知人に紹介してもらったことがきっかけで、その後、頻繁に通うようになりました。店の主人、女将とも仲良くなり、いつも満足度の高い時間を過ごしてきました。ある一日を除いて。

　筆者が店に入ろうと玄関に近づくと、店内から大きな声が聞こえてきました。店内に入るとすでに2組の常連客のほか、男性4名のグループが食事をしていました。彼らは、時々笑い声をあげ卓を叩いたりもしています。周りを気にもせず知り合いのうわさ話やら、仕事の不満やら、会話の内容さえもはっきりと聞こえてしまうような状況です。まるで居酒屋チェーンにいるような気分でした。通常は店の雰囲気のせいか、グループでも静かに会話をする顧客しかいない店なので、常連客はとても居心地が悪そうです。お店のご主人も困ったようすで、そのグループに声を落としてくれるようにお願いしていました。

　男性グループが食事を終えて店を出た後、主人は、女将にいまのグループがどういう予約の仕方だったか聞きました。「近くの〇〇ビルにオフィスがある会社の人ですよ。口コミサイトの△△にうちのお店が載っているのをご覧になったそうで」。ご主人は「次から断って」と女将に小声で伝えました。偶然、そのやりとりが聞こえる席にいた筆者は、ご主人に笑いながら「最初、店を間違えたかと思いましたよ」と声をかけてみました。

最近のご主人の悩みは、店が口コミサイトで取り上げられてその評価をみて来る新規のお客さんへの対応だそうです。

　「初めてのお客さんの予約が入るのはありがたいんですけど、どんな方なのかは実際に会うまでわかりません。うちは常連さんでもっているようなものなので、常連さんが不愉快な思いをしないってことがとても大事なんです。ですんで、店の雰囲気を壊すようなお客さんだったら次からお断りさせてもらっています」

　レストランのサービス品質には、料理の味や提供速度といった基本的な要素、店内の照明やカウンターなどの内装、従業員の応対などがその場の雰囲気をつくります。ここまでは、どんな業種でも当てはまることでしょう。しかし、さらに、多くのサービス業では、顧客とともに価値をつくりあげるというプロセスが加わります。小規模で常連客に支えられている日本料理店が提供するようなサービスは、顧客自身だけでなく、その場にいる他の顧客も価値を生み出す重要な要素の１つです。そのため、価値を下げるような要素は改善しなければなりません。このお店のように、顧客を選ぶ、あるいは顧客にどう振る舞うべきかを学んでもらうことも価値共創では必要になります。

1.3 顧客満足と顧客ロイヤルティ

　顧客満足という言葉は日常的によく耳にします。ネットや雑誌の見出しに踊る「顧客満足度No.1の〇〇！（自社独自調査）」だとか、「特集　顧客満足ランキング上位100社発表」だとか、はたまた、「お客様満足を第一に……」といった社長の訓示だとか。

　しかしながら、現在では、顧客満足度の向上というのは、マーケティングの第一目標ではなくなっています。ずいぶん前から、顧客満足よりも、顧客ロイヤルティが重視されるようになっているのです。

　顧客満足度の問題点は、満足したからといって顧客が企業にとっても嬉しい行動をとってくれるとは限らない、という点です。極端な話、他社と同じ品質のサービスで価格がものすごく安ければ顧客満足度は上がるでしょう。しかし、それでは企業は経営が行き詰まります。満足度向上にはほかにも落とし穴があります。満足した顧客は次回への期待を上げるので、さらに品質を向上させる必要があり、いつか企業の経営資源は尽きてしまいます。実際、満足度を上げるためにすべての品質の向上を目指した投資を続けて財務的に傾いた企業もあります。限られた経営資源を有効に利用するためには、闇雲に品質を上げるのではなく、顧客ロイヤルティを上げることができる品質に投

資すべきなのです。

　では、顧客ロイヤルティとは何でしょうか。

　「ロイヤルティ」を辞書で引けば、「忠誠心」という訳が出てきます。そのため、ロイヤルな顧客とは、「自社の商品やサービスに非常に満足した結果、企業に忠誠を誓ってくれている顧客のこと」と誤解している人も多いのです。

　マーケティングでの顧客ロイヤルティは顧客満足にかわる、企業戦略の要になる考え方です。

　ロイヤルティは、大きく心理面のロイヤルティと行動面のロイヤルティの2つに分けられます。行動的ロイヤルティは多くの場合、購買行動を指します。継続して購入してくれる、買う量や種類を増やしてくれるような行動です。この行動は、企業の売上げや収益に直結するので把握しやすいものといえます。しかし、購買行動だけに注目するのはよくありません。なぜなら、その企業や商品・サービスを気に入っているわけでもないのに、ほかに選択肢がなかったり、価格が安かったり、なんらかの理由で購買を仕方なく継続している顧客は真にロイヤルとはいえないからです。

　そこで、次に心理的にロイヤルティかどうかも考慮します。顧客が、その企業や商品・サービスが自分の価値観にあうと思っている、長く使用していて愛着を感じているかどうかです。心理的ロイヤルティは顧客の気持ちですから、行動的ロイヤルティのように、購買記録といった外形的なデータで測ることはできません。心理的ロイヤルティを知るためには顧客の声を聞

く必要があります。

　行動的ロイヤルティと心理的ロイヤルティを組み合わせて顧客を分類してみましょう（図表1-7）。行動的かつ、心理的にロイヤルな顧客は、真のロイヤル顧客です。行動的にはロイヤルなのに、心理的にはロイヤルでない顧客はほかに売っているところがない、契約で縛られているなど、購買をやめられないなんらかの理由（スイッチングコスト）で、嫌々ながら続けている「偽のロイヤル顧客」と呼ばれます。

　一方、心理的にはロイヤルなのに、行動的にはロイヤルでない（繰り返し購買してくれていない）顧客もいます。金融商品はニーズの発生がライフイベントに依存するので、頻繁な購入が起こるとは限りません。このカテゴリーの顧客は購買行動が起こらないため企業からはロイヤルだと認識されていないことが多いのですが、口コミで他の人に勧めてくれるなど、購買以外の行動をしてくれている可能性が大です。顧客の口コミはSNSの普及でこれまでよりはるかに影響力が強まっており、マーケティング上の重要性を増しています。このような顧客は「隠れたロイヤル顧客」と呼ばれます。最後にどちらでもない顧客はロイヤル顧客ではありません。

　このように分類してみると、ロイヤルティの状態を正しく理解するためには、企業が顧客のロイヤルティを判断するとき、取引データのみに頼らず、顧客の声を直接聞くことが欠かせないことがわかります。たとえば、アンケートなどで調査する場合は、図表1-8のような項目で聞きます。心理的ロイヤルテ

図表1-7　ロイヤルティによる顧客の分類

		行動的ロイヤルティ	
		高い	低い
心理的ロイヤルティ	高い	真のロイヤル顧客	隠れたロイヤル顧客
	低い	偽のロイヤル顧客	ロイヤルではない顧客

図表1-8　ロイヤルティを測る質問群

心理的ロイヤルティ
A社の商品は信頼できる
A社の商品を気に入っている
A社の商品に愛着を感じる
A社の商品は自分のこだわりとあっている

行動的ロイヤルティ
今後もA社の商品を継続的に購入する
今後はA社の商品をいままで以上に購入する
A社の商品を友人・知人に勧める
商品に不満があったらA社に内容を伝える

ィを聞くとともにロイヤル行動をとる「意図」も聞きます。購買行動結果なら聞かなくても保有データでわかりますが、それは偽のロイヤル行動かもしれません。顧客を引き止めていたス

イッチングコストがなくなれば、一気にいなくなってしまう顧客群かもしれないのです。先述したとおり、購買頻度は商品の種類や人によって異なるので、心理的ロイヤルティと実際の購買行動の間にギャップが生じます。意図を聞くことでそのギャップが埋まります。

第1章の振り返り

次の設問において、3つのなかから正しいものを1つ選んでください。

【設問1】
① マーケティングは、目の前にいる顧客へ商品をうまく売るための手法である
② マーケティングはセールスの一部である
③ マーケティングは「売れる仕組みづくり」である

【設問2】
① 関係性マーケティングとは、企業が顧客間の関係性を管理する活動を指している
② 顧客が長く取引を続けると、管理コストが高まり、企業の収益率が低くなる
③ 現在は、どのような企業でも社会のメンバーとして社会的責任を果たすことが求められている

【設問3】
① 共創とは、企業と顧客がともに商品をつくるという意味の造語である
② 共創活動にかかわる基本的な関係者は企業(組織)・従業員・顧客の三者である
③ 共創価値は、機能価値・提供価値・顧客価値の3種類である

【設問4】

① ロイヤルティの状態を正しく把握するためには、顧客の声を直接聞くことは欠かせない
② 「偽のロイヤル顧客」とは、心理的にロイヤルだが購買につながらない顧客のことをいう
③ 本心ではほしくないのに継続して購入している顧客を「隠れたロイヤル顧客」という

〈回答〉
【設問1】③（第1章1.1参照）　【設問2】③（第1章1.1参照）　【設問3】②（第1章1.2参照）　【設問4】①（第1章1.3参照）

第 2 章

基本的な
マーケティング戦略

2.1 市場分析

　マーケティングは企業戦略と表裏一体です。マーケティングの最初のステップは自社が置かれている環境を理解するところから始まります。それが市場分析です。

(1) 3C分析

　最初に、市場分析のフレームワークの3C分析を紹介します。

　経営戦略を考えるにあたっては、まずは主要なプレイヤーである3C、「Customer（顧客）」「Competitor（競合）」「Company（企業）」の3つを正しく把握する必要があります。外部環境として顧客と競合がいて、内部環境として企業（自社）がいます。これに必要なCost（費用）を加えて4Cで分析することもあります。それでは、具体的にはどのような見方をするのかをみていきましょう。

　顧客（市場）分析では、自社の既存顧客・潜在顧客がどういう価値観をもった個人や法人で、どういうニーズをもち、自社に何を求めているのかを明確にします。同時にその顧客層はどれくらいの規模で、今後の成長性はどうかなども明確にします。

　競合分析では、競合他社にはどのような経営資源（ヒト・モノ・カネ・情報・技術）があり、顧客のニーズにどのように対応しているのかを明確にします。後述するポーターの5つの競

図表2-1　3C分析のフレームワーク

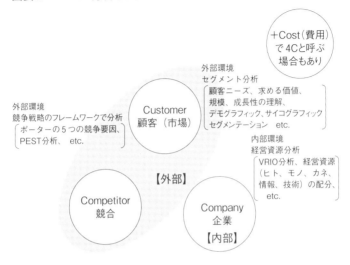

争要因（5フォーシズ）分析なども活用します。

　企業（自社）分析では、顧客や競合の状況と照らし合わせて、自社にはどのような経営資源があり、顧客ニーズに応えられるか、競合に対抗できるかを検討します。内部資源の分析には後述するVRIO分析も使用されます。

　以下に、マーケティングで使う代表的な市場分析・経営資源分析のフレームワークをいくつか取り上げます。

(2) PEST分析

　PEST分析はマクロ環境動向を把握するためのフレームワークです。PESTは「Politics（政治）」「Economy（経済）」

「Society（社会）」「Technology（技術）」の頭文字です。

政治的要因（P）では、国内外の政権の安定性や外交政策、自社ビジネスに影響する法律や規制の強化（緩和）、政治団体の動向など、政治的変化のビジネスへの影響を分析します。基本的なものでは独占禁止法や労働基準法など、また、関税協定や産業別の各監督官庁から出ているガイドライン、業界の独自ルールなど、市場に影響するものが該当します。

経済的要因（E）では、市場の経済成長や景気の動向、それに伴う株価や為替、その他のマーケットの動き、原材料の価格や消費者の購買力の変化、消費意欲のトレンドなどを分析します。

社会的要因（S）では、消費者の嗜好変化や需要の構造など、自社ビジネスに影響を与えそうな世の中の動きを分析します。具体的には、人口動態の変化や社会問題に関するもの、文化・習慣、世論やその時々の流行などです。日本の少子高齢化

図表2－2　PEST分析のフレームワーク

P：Politics （政治的要因）	制度や規制など市場ルールを変化させる要因 （政権・法律・税制など）
E：Economy （経済的要因）	経済の成長や衰退など市場に影響を与える要因 （経済成長率・物価・消費動向など）
S：Society （社会的要因）	人口動態の変化など需要構造に影響を与える要因（人口動態・世帯構造・流行など）
T：Technology （技術的要因）	技術革新など市場での競争に影響を与える要因 （特許・イノベーション・新技術など）

問題や格差問題、地球温暖化や世界各地で生じている宗教的な対立・テロ・難民問題などがその一例です。

技術的要因（T）では、同じく自社ビジネスに影響する技術の動向を分析します。情報技術の普及レベルや普及速度、最近ではデータの蓄積状況、AIやロボットなどは技術動向として重要です。新技術の特許状況やISOやJISなどの標準なども含まれます。

(3) SWOT分析

SWOT分析は自社の市場でのポジションを内部と外部の視点から明確にする分析です。SWOTとは「Strength（自社の強み）」と「Weakness（弱み）」、「Threat（市場の脅威）」と「Opportunity（機会）」です。

ある市場環境のもとで自社が持続的に成長し存続していくためには、自社のもつ資源と変化する市場の動向を正しく把握することが必要です。これらを図表2－5のようなマトリックスにして、今後の戦略を検討します。

まず、自社にはどのような強み（S）と弱み（W）があるかを、ヒト・モノ・カネ・情報などの観点から精査します。すべての面で強ければ理想的ですが、現実にはそのようなことはありません。従業員と顧客との関係が深いことが強みである会社もあれば、特別な知財をもつことである会社もあります。図表2－3に強み・弱みで検討すべき典型的な項目を例示しておきます（ビジネスの種類によって、これらは異なります）。

一方、市場は常に変化していくものですが、その変化が自社にとって脅威となるのか、機会となるのかを精査します。脅威（T）は、規制が緩和されて新規参入が増える、または逆に規制が強化されたために従来可能だったビジネスができなくなる、新技術の普及でこれまでの主要製品が陳腐化するなど、自社ビジネスを脅かす要因をいいます。機会（O）は逆に、自社ビジネスにとって追い風となるような市場の動向を指します。図表2-4に脅威と機会の項目例を列挙します。自社の対応次第で、脅威は機会に変換でき、機会は脅威となりえます。な

図表2-3　自社の強み・弱みを分析する項目

自社の強み・弱み分析項目　（例）	
・顧客サービス	・チャネル網
・顧客との関係性	・価格
・企業倫理	・市場での知名度
・材料調達力	・ブランドイメージ
・製品・サービスの質	・業界・分野・地域内シェア
・製造量・サービス供給量	など

図表2-4　脅威と機会を分析する項目

脅威と機会の分析項目　（例）	
・法律・制度・規制の変化	・為替・金利動向
・国内政治動向	・市場トレンド
・海外政治動向	・顧客ニーズの変化
・国内経済・景気の変化	・新技術の普及
・海外経済・景気の変化	・新材料の発見　　など

お、分析の際は、自社内部の弱みと市場の脅威を混同しないよう注意が必要です。弱みは自社の内部の経営資源上の弱い部分であり、脅威は外部の市場の要因です。

　内部の強みと弱みを縦軸に、外部の機会と脅威を横軸に記述したのがSWOTクロス分析表（図表2-5）です。
・強み×機会：積極的攻勢
・強み×脅威：差別化
・弱み×機会：段階的改善
・弱み×脅威：専守防衛または撤退
の4つの象限ができます。それぞれの組合せのときにとるべき戦略が、積極的攻勢・差別化・段階的改善・専守防衛または撤退です。

　強み×機会では、自社の強みを生かせる機会が市場に生まれているわけですから、積極的にそれを生かしてビジネスを拡大する戦略、つまりその分野の製品生産量やサービス供給量を増やしたり、広告宣伝を強化するなど、人員や予算を傾斜配分して積極攻勢戦略をとります。

　強み×脅威では、脅威を他社との差別化に変える戦略をとります。市場には不安要素（脅威）があるため、強みをもたない他社は様子見をしたり撤退したりします。そのなかでより自社の強みを生かせる部分に注力し、他社を排除したり、市場での地位をより強固にしたりするような戦略です。

　弱み×機会は、市場に有望な分野が生まれているにもかかわらず、現状自社はそこで勝つだけの資源やノウハウをもってい

図表2-5　SWOT分析のフレームワーク

		外部環境	
		Opportunity 機会	Threat 脅威
内部環境	Strength 強み	自社の強みで取り込むことのできる事業機会は何か。 <典型的戦略> 強みを最大限活用し必勝の構え **積極的攻勢**	自社の強みで脅威を回避できないか、他社には脅威でも自社の強みで事業機会にできないか。 <典型的戦略> 回避し他社に集中させる **差別化**
	Weakness 弱み	自社の弱みで事業機会をとりこぼさないためには何が必要か。 <典型的戦略> 弱みを補完し損失を回避する **段階的改善**	脅威と弱みがあわさって最悪の事態を招かないためにはどうするか。 <典型的戦略> 危機管理で不敗の構え **専守防衛または撤退**

ない状態です。機会を生かすべく将来の市場の見通しに基づいて段階的に弱みを克服していく必要があります。

　弱み×脅威は、もともと自社が弱い部分で市場の見通しも悪いわけですから、なんとか防衛するか、あるいは、撤退を決定すべきところです。

　このように、SWOTは単に内部・外部の環境を分析するだけでなく、その組合せによって今後の戦略を考えていくフレームワークです。

(4) VRIO分析

次に、3C分析の際の、自社分析で使うVRIO分析を紹介します。これは、企業ごとに保有する経営資源をより詳細に検討するため4つの要素について問うものです。VRIOはそれぞれ、「Value（経済価値）」「Rarity（希少性）」「Inimitability（模倣困難性）」「Organization（組織）」の頭文字です。

経済価値（V）は、企業の有する経営資源が経済的な価値をもつかどうかです。この価値をもつ企業は外部からの脅威や機会に対応しやすくなります。希少性（R）は、他社がもたない経営資源で、希少であればあるほど競争力をもち、他社の参入を防ぎます。模倣困難性（I）は、他社が模倣困難であるほど、他社はその資源を獲得するコストが高くなるので、競争上

図表2－6　VRIO 4要素の問い

V：Value （経済価値）	その企業の保有する経営資源や能力によって、その企業は外部環境の脅威や機会に適応できるか。
R：Rarity （希少性）	ある重要な経営資源は、ごく少数の競合企業によって現在コントロールされているか。
I：Inimitability （模倣困難性）	ある重要な経営資源を保有していない企業が、その経営資源を獲得あるいは開発する際に大きなコストを負担することになるか。
O：Organization （組織）	企業が保有する、価値があり希少で模倣コストの大きい経営資源を活用するために、組織的な方針や手続が整っているか。

不利（自社にとっては有利）になります。模倣のむずかしさは、歴史・その業界のビジネスの外部からの把握しにくさ・関連する社会的要因の複雑さ・特許のようなかたちで守られているか、の4つの視点で評価します。最後に組織（O）があり、希少で、模倣しにくい経営資源を活用できる組織であるかどうかが問われます。

　これらを経済価値から順にYES／NOで評価していきます。図表2－7のように、そもそも経済価値がなければその段階で競争劣位と判断します。経済価値はあるものの希少性がNOなら競争均衡となり、経済価値・希少性があり模倣困難性がない場合、一時的な競争優位、3つともYESの場合は持続的な競争優位と位置づけられます。しかしながら3つの要素がそろっていても組織体制が整っていなければそれらは機能しません。持続的競争優位性を得るためには、4要素がすべてそろっていなければならないわけです。

図表2-7　VRIOフレームワーク

Value (経済価値)	Rarity (希少性)	Inimitability (模倣困難性)	Organization (組織)		競争優位の 意味合い
NO				⇒	競争劣位
YES	NO			⇒	競争均衡
YES	YES	NO		⇒	一時的 競争優位
YES	YES	YES		⇒	持続的 競争優位

NO ⇒ 機能しない
YES ⇒ 機能する

街の小規模整骨院の場合

　筆者の知人がオーナーの整骨院での話です。この整骨院は、Y市の住宅街にあり、近隣の住民からも人気がありました。ところが、1年ほど前に、駅前の商店街に大手チェーンのクイックマッサージ専門店が進出してきました。この専門店ができてから、来院者数は減少傾向にありました。他の整骨院との差別化ポイントであった肩こりや腰痛、筋肉痛での来院が減ってしまったのです。

　知人が、メインバンクの担当者に相談したところ、一緒に経営改善策を考えてくれることになり、SWOT分析のもととなる外部環境分析と内部環境分析を一緒に行いました。

　外部環境分析、内部環境分析についてみてみましょう。Y市は健康で住みやすい都市を目指し、さまざまな取組みを行っています。昔からのベッドタウンで高齢者が多い街ですが、近年は情報通信環境や公園の整備などに力を入れ、住みやすい街として働き盛りの世帯も増加しています。健康志向からウォーキングやジョギングを始める人が増加し、体のメンテナンスに気を使うなど、整骨院へのニーズも変化してきています。スマートフォンなどが身近になったこともあり、デジタル製品に対する抵抗感が薄れ、若者と同じように活用している高齢者もいます。

　一方、この街では、駅前に大型スーパーができ、その集客力から商店街も賑わっています。商店街のお店は、市の補助金を受けて、ネット回線の強化やホームページ制作、オンラインプロモーションの充実、ネット予約や電子決済化などに取り組んでいます。無料Wi-Fiなど、インターネット回線が充実してきたことや、高齢者にも使いやすいスマートフォンが普及してきたことから、さまざまなサービスをネットで予約する人が増えました。それにあわせて、商店街のお店もネット上でのプロモーションに力を入れています。これらを機会と脅威としてまとめたものが次の表です。

　つづいて、知人と担当者は整骨院の強み・弱みを次のように分析しました。オーナー、従業員ともに昔からランニングやマラソンをしており、ランナーの壊さない体づくりや体のメンテナンスについ

外部環境分析（PEST分析）

		機会	脅威
政治的要因	・法律・制度・規制 ・政治動向	・市の健康促進活動 ・市のインターネット回線強化の中小零細企業補助	
経済的要因	・経済動向 ・消費動向		・大型スーパーの進出による駅前の商店街の繁盛 ・クイックマッサージ店のプロモーション攻勢
社会的要因	・ニーズの変化 ・人口動態の変化	・働き盛り世帯に魅力的なベッドタウンとして人口が増加 ・健康志向によるジョギングブーム ・運動によるコリや痛み緩和のニーズが増加	・予約に電話を使う人の減少
技術的要因	・新技術の普及	・高齢者でも使いやすいスマートフォンが普及	

てのノウハウももっています。また、同じ場所で長年営業しており、地元の情報に明るく、多くの住民とも顔見知りです。

一方、店舗は小さく、スタッフも少ないことから、1日に対応できる顧客の数は駅前の大手マッサージ店ほど多くありません。予約も、ネットではできず来店もしくは電話のみとなっています。そのため、予約がとりづらいこと、予約どおりに来院しても長く待たされることが顧客の不満となっていました。二人はこれらを弱みと分

内部環境分析

		強み	弱み
ヒト	・経営者 ・従業員 ・顧客	・オーナー、従業員が、ランナーの体のメンテナンスのノウハウをもつ ・顔なじみの顧客が多い	・スタッフが少ない
モノ	・商品 ・店舗 ・設備		・店舗は駅前ではなく住宅街にある ・店舗が小さい
カネ	・収益性 ・成長性 ・キャッシュフロー	・店舗や設備は減価償却ずみ	・来院者数の減少により売上げ・収益が悪化
情報技術	・ブランド ・販売方法 ・技術・特許 ・IT	・長年営業しており、近隣に知られている	・IT活用が不十分

析しました。競合店は気軽さが人気を呼んでいるようです。ただ、クイックマッサージなので、ランニングによる痛みの原因を特定するようなことはなく、また、スタッフと顧客の会話も整骨院ほど多くありません。

　これらの分析を掛け合わせてSWOTクロス分析を行い、以下の戦略を検討しました。

① 積極的攻勢：（強み×機会）
　　ランナーの体づくりやメンテナンス講習会を定期的に開催し、新規顧客を開拓
② 差別化：（強み×脅威）
　　ランナーのメンテナンスに特化したサービスの提供
③ 段階的改善：（弱み×機会）
　　補助金を受けてネット予約対応し、顧客の待ち時間を減らす
④ 専守防衛または撤退：（弱み×脅威）

SWOT分析

		機会	脅威
		・ジョギング人口の増加 ・市のIT補助金 ・市人口の増加 ・ネット予約人口の増加 ・コリ・痛み緩和ニーズの増加	・商店街の活性化 ・電話予約の減少 ・クイックマッサージ店のプロモーション攻勢
		積極的攻勢	差別化戦略
強み	・顔なじみが多い ・ランナーの体づくりやメンテナンスのノウハウ	ランナーの体づくりやメンテナンス講習会を定期的に開催し、新規顧客を開拓	ランナーのメンテナンスに特化したサービスの提供
		段階的改善	専守防衛または撤退
弱み	・スタッフが少ない ・予約は来院、電話のみ ・待ち時間が長い	補助金を受けてネット予約対応、顧客の待ち時間を減らす	一人ひとりにあった丁寧な施術を実施するお店のイメージを維持

一人ひとりにあった丁寧な施術をする店のイメージを維持

分析の結果、オーナーと担当者は、「②差別化」と④の「専守防衛」戦略を具体的に進めていくことにしました。さらに、地元ランナーの体づくりやメンテナンスに一番詳しい、また、個々の顧客にあった丁寧な施術をする整骨院としてブランド認知されることを目標に掲げました。

知人は「忙しい」を理由に、これまで同じ営業スタイルを取り続けてきましたが、分析を機にしっかりとした戦略を考えるようになりました。

昔から同じスタイルで営業している小さな会社やお店は、「忙しい」を理由に戦略を再考する手間を惜しむことがあります。その間に競合が現れ、経営が苦しくなっていきます。経営が苦しくなるほ

第2章 基本的なマーケティング戦略

ど打てる戦略も限られてきます。金融機関の担当者には、こういった小規模企業の経営者が戦略を考え直すきっかけをつくることができます。その時に、マーケティングの知識をもっていることは重要です。

　このケースでは競合が大手企業です。資金力ではかないませんから価格での勝負は避けなければなりません。顧客ニーズを満たす分野に特化してトップになることが求められます。

⑸ 5フォーシズ分析

5フォーシズは自社の展開する（しようとする）業界の競争構造について、主なプレイヤー間の力関係を分析するフレームワークです。5つの要因とは、「売り手（供給業者）の交渉力」「買い手（顧客）の交渉力」「業界内競合の激しさ」「新規参入業者の脅威」「代替品の脅威」です。5フォーシズ分析の目的は、業界構造のなかで自社が勝ち残れるポジションにいるか、収益をあげる可能性は十分あるかなどを分析して戦略を立てることです（図表2 - 8⑴）。

まず、横のラインの、売り手・買い手の交渉力について考えます。これは、自社と供給業者・顧客の関係でどちらがより強い交渉力をもつかについての分析です。供給業者が希少な原材料を供給しており、多くの企業がそれを欲しいと考えていたら、供給業者の交渉力が強まるでしょうし、原材料がコモディティで供給業者も多数いるなら、彼らの交渉力は弱くなります。たとえば自社がパソコンメーカーだとしたら、部品業者が売り手（供給業者）になります。IntelやMicrosoftのような事実上の標準となっている部品メーカーは提供者が限られていて、必須のものなので交渉力が強いといえます。サービスの場合は物的な材料のみでなく、アルバイト人材なども売り手に含まれます。人手不足のときは売り手の交渉力が強く、逆のときは弱くなります。

買い手（顧客）の交渉力も考え方は売り手の交渉力と同じで

図表2－8(1)　5フォーシズ分析

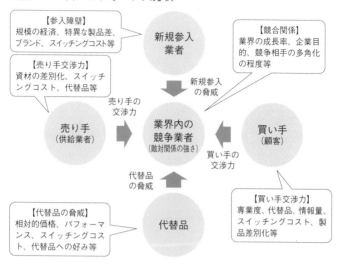

すが、今度は自社が売る側になり、買い手との交渉力の強弱を検討します。

　次に、縦のラインの業界内の競合の激しさ、新規参入の脅威と代替品の脅威をみてみましょう。業界内の競合とは、同じ業界で直接的に競争しているライバル企業のことで、競合状態が激しければ、価格競争に陥りやすくなります。一方、新規参入の脅威は、その業界に新たに参入したいと思っている企業が脅威になるかどうかです。行政による許認可が前提になっている、特別な製造ノウハウや従業員スキルが必要である、など参入に必須な要件をクリアするのがむずかしければ脅威は小さく、そうでないなら脅威は大きいと考えられます。また、新規

図表2−8(2)　5フォーシズ分析連結版（顧客の顧客まで考慮するケース）

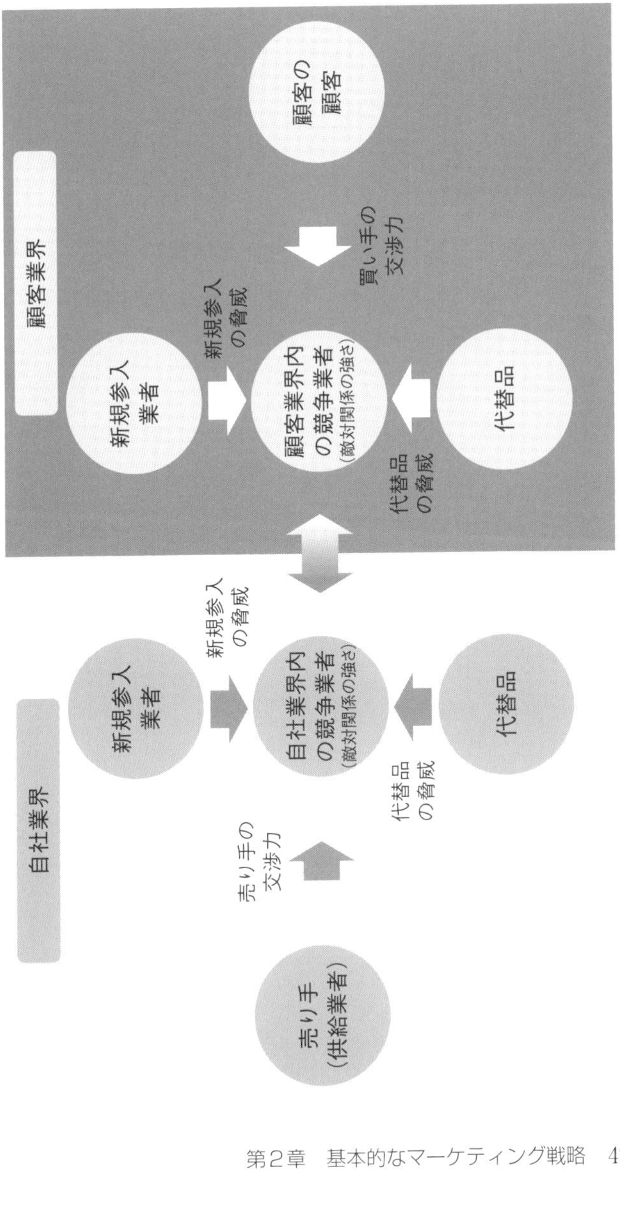

第2章　基本的なマーケティング戦略　47

参入者に対して既存企業が激しく反発・反撃することが予想される場合、脅威は下がります。

代替品とは、現在の製品・サービスとは異なるカテゴリーのもので、同じような機能をもつため、既存商品・サービスのかわりになりうるものです。代替品は他業界からも出てくるので、代替品が生まれてきそうな動向をモニタリングしておく必要があります。代替品の品質が優れていたり、価格が安かったり、また、代替可能なものの数が多ければ、その脅威は高まります。

ビジネス対ビジネスの関係は、その先に最終消費者が存在します。「B2B2B」「B2B2B2C[1]」というような連結した5フォーシズの分析が必要な場合もあります（図表2－8(2)）。

このように、5つの競争要因を分析することで、その業界での自社のポジションと成功の可能性がわかるのが5フォーシズ分析です。

---

[1] B2B2BはBusiness to Business to Business（企業→企業→企業の商流）、B2B2B2CはBusiness to Business to Business to Consumer（企業→企業→企業→消費者の商流）の略。

2.2 戦略構築：STP分析

さまざまな環境分析を前提に、いよいよマーケティング戦略の構築に入ります。マーケティング戦略構築はSTPの順に行います。Segmentation（セグメンテーション）「S」、Targeting

図表2－9　マーケティング戦略策定の手順：STP

S	セグメンテーション

…市場を、戦略上「同質」と考えてよいグループ（セグメント）に細分化し、その構造を理解する。

T	ターゲティング

…細分化したセグメントのなかから、顕在的or潜在的ニーズがある、自社の強みが生かせる、などを考慮し、集中的に攻めるべきターゲットセグメントを決定する。

P	ポジショニング

…ターゲットセグメントに対して、自社が競合他社とどのような差をつけるべきかを検討し、自社を選んでもらう理由を明確にする。

A	アクション＝マーケティング・ミックス

…上記のSTPに基づいて、商品、価格、チャネル、プロモーションなどの具体施策を設計し、実施する。

(ターゲティング)「T」、Positioning(ポジショニング)「P」です。戦略が固まれば戦術であるAction(アクション)「A」に進めます。

(1) セグメンテーション

市場(顧客の集まり)には、法人であれ、個人であれ、さまざまなニーズをもつ顧客が入り混じっています。これを市場全体が同じニーズをもつと想定して、すべての顧客に同じ商品を提供するのがマスマーケティングです。しかし、マスをねらった商品は結局だれのニーズも満たせないという結果に終わる可能性が大きいのです。特に、日本のように成熟した社会では顧客のニーズが複雑化しています。かといって、企業の経営資源には限界があるので、多大な費用をかけて顧客一人ひとり(一社一社)の異なるニーズを満たすことはできません。近年、IoT(Internet of Things)などの情報技術を使うことである程度までのカスタマイズとそのコスト削減は可能になってきましたが、完全なOne to Oneにはやはりコストがかかります。もちろん、少数の顧客を対象に高価格で個別対応するビジネスも存在しますが、対象は大きな市場ではありません。一般的に企業にとって有効な戦略は、似たニーズをもった顧客をグループ化(セグメンテーション)し、そのセグメントに向けて経営資源を集中することです。

では、最初のステップであるセグメンテーションはどのように行うべきでしょうか。セグメントを分ける軸の設定が大変重

要になります。

これには、大きく分けて、人口動態（デモグラフィック）セグメント、心理的（サイコグラフィック）セグメント、利用機会（オケージョン）セグメントなどがあります。

顧客をグループ分けするというと、企業なら業種や規模や営業場所、個人なら住所・年齢・性別・職業など、外形的な基準を想定する人も多いでしょう。こういったセグメンテーションは地理的（ジオグラフィック）セグメントや属性（デモグラフィック）セグメントと呼ばれます。以前はよく行われてましたが、外形的な分け方では粗すぎて顧客ニーズがうまくとらえられないことがわかってきました。皆さんの大学時代のクラスの同級生や同期入社の同僚を思い浮かべてみてください。同じ地域に住み、年齢や学歴、職業が似ていても、服や家電や食品などに対する好みは全然違っているはずです。もちろん、男性用・女性用でサイズが違う、地理的に購入可能な店舗が限られる、育った時代背景が違う（バブル経済の経験有無、デジタルネイティブなど）といった基本的な前提条件は与えてくれます。しかし、ニーズが個別化した現代社会ではそれだけでは不十分です。

そこで、もっと深い人の心理に着目する心理特性（サイコグラフィック）セグメントや、行動面に着目する購買行動特性セグメントが使われるようになってきています。心理特性セグメントでは、その人の性格や価値観、ライフスタイルをベースにセグメントを分けます。購買行動特性セグメントでは、購買・

使用頻度や購買量で分けます。さらに、同じ人でもその時その時の状況によって購買するものが変わることがあります。これは購買機会に着目するという意味で、「機会（オケージョン）セグメント」と呼ばれます。たとえば、ペットボトルの水を家で自分一人の時に飲むなら国産ブランドだけれど、他の人と一緒の時には海外ブランドのものを選ぶようなものがこれに当たります。

　いずれにせよ、優れたセグメンテーションでは、分けた結果、セグメント内は同質な人がいて、セグメント間は異質な人がいる、という状態になります（図表2-10）。それ以外に、セグメントが、自社がターゲットとしたときに十分な収益を生むだけの規模をもっているか、そのセグメントにアプローチする手段があるかなどを考慮します。セグメント分けに際して、自社商品のAを買ってくれるセグメント、Bを買ってくれるセグ

図表2-10　セグメンテーションの考え方

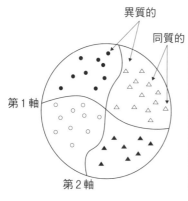

メント、という分け方をする企業があります。セグメンテーションは自社の商品ありきではなく、あくまで顧客ニーズを起点に行うのだということには留意が必要です。

(2) ターゲティング

図表2－10のようにセグメントは複数できます。そのなかで自社ビジネスの目標に最もフィットするセグメントを選ぶのがターゲティングです。ターゲットセグメントは1つとは限りません。自社の強みとセグメントのニーズが合致し、強みを生かせることが重要になります。

図表2－11　商品の特徴をプロットしただけのポジショニングマップ（婦人用アパレル商品）

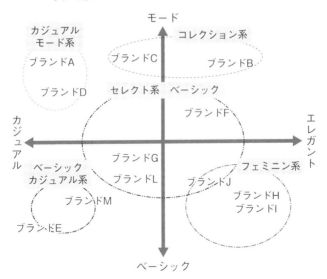

(3) ポジショニング

ポジショニングは、ターゲットセグメントの顧客からみたときの自社と競合他社の位置づけを明確にするものです。図2－11のように、ただ業界内にいるプレイヤーの特徴をプロット（位置づけ）しただけの図はポジショニングとはいえません。図表2－12(1)、(2)のように、ターゲットセグメントのニーズを反映した軸をつくり、ターゲットセグメントからどうみえていて、自社を選んでもらえそうかどうかがわからなければなりま

図表2－12(1) ターゲットセグメント視点でのポジショニングマップ(1)
（婦人用アパレル商品）

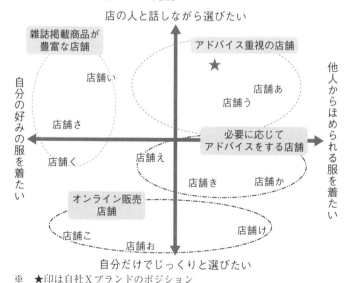

※ ★印は自社Xブランドのポジション

せん。同じセグメントをターゲットとする競合他社と比較して優位性があるかどうかの検討が必要です。ターゲティングとポジショニングは繰り返し行います。ポジショニングの結果、競合が多すぎて価格競争に陥りそうだとか、強力な競合がいて勝ち目がなさそうだとわかったら、ターゲティングからやり直すからです。有望なポジションを得られるまで分析する必要があります。

図表2−12(2) ターゲットセグメント視点でのポジショニングマップ(2)
　　　　　　（婦人用アパレル商品）

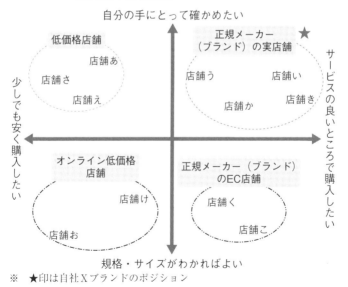

※　★印は自社Xブランドのポジション

コラム

STP

　筆者は金融業界以外にもマーケティング戦略・戦術について相談を受けるのですが、製造業のマーケティング、とりわけシーズ志向の製造業のSTPについて考えさせられることがよくあります。商品は各社各様ですが、共通して顧客視点でないSTPをよく見かけます。そもそもSTPはニーズが似たグループに顧客を分けることから始まります。ところが、その分け方が「ニーズが似た」という顧客側の視点ではなく、「自社商品に当てはめやすい」という企業側の視点で分けようとするのです。

　ある衣料品会社の営業部に勤めるA氏とお会いした時の話です。この会社は、いくつものブランドを展開しています。A氏はレディース分野のブランドXの担当なのですが、経営陣からさらなる収益向上を指示されており、筆者に相談にやってきました。

　A氏は現状の課題を、顧客の声を拾い切れていない、と認識し、顧客へダイレクトにアプローチするための施策を考えていました。しかしながら、A氏との議論が進んでも一向にそのブランドのターゲット顧客の意見や価値観がわかりません。

　そこで、A氏にブランドXにおけるSTPを説明してもらいました。基本軸として年代（この時点でアウト！）で顧客を分け、50歳以上の女性をターゲットとしているとのことです。

　ポジショニングはどうかと聞くと、競合他社を含めた各ブランドの特徴を軸にしたポジショニングマップを書き始めました。縦軸はモード系／ベーシック系、横軸はカジュアル系／エレガント系です（図表2－11）。主な女性用衣料品ブランドの特徴をマップにしてみせられたものの、20代女性をターゲットにしているブランドも含まれているし、だれがターゲットのポジョショニングだかよくわかりません。市場を企業側の視点でしかみていないのです。

　衣料品は買う人の好みによって選ばれます。シンプルで機能的なものが好き、個性的なものが好き、体型を隠したい（逆にみせたい）、販売員に相談しながら決めたい（逆に販売員には声をかけてほしくない）など、さまざまです。人の嗜好はライフステージによっ

て変化する面はあるものの、同じ年代の女性が同じブランドの洋服を好む、というわけではありません。セグメンテーションの軸をつくる際、性別・年齢・職業などの属性ではなく心理や行動面に着目するのはこのためです。

　ポジショニングは、ターゲットセグメントからみたとき、自社と競合他社がどのようにみられているのか、自社の優位性は何なのか、を「見える化」するものです。当然、ターゲットセグメントの好みを反映した軸が必要です。図表2－11のようなターゲットセグメントの想定がないポジショニングは単なる業界地図にすぎません。顧客にとって価値があるかどうかではなく、商品の特長に基づいて顧客を無理やりプロットしても、ビジネスの成功にはつながりません。

　そういう意味でA氏のいう「顧客の声が拾えていない」という認識は正しいのかもしれません。だって顧客をみていないのですから。

2.3 戦術策定

(1) マーケティング・ミックス4P

STPによって戦略が固まったら、はじめて戦術を考える段階に入ることができます。ここで強調しておきたいのは、戦略が決まっていないのに、商品内容や値段などの細かい戦術ばかりを先に考えてはいけない、ということです。大きな戦略のない行き当たりばったりの戦術はうまくいきません。ターゲットとの適合性がなくなったり、戦術間の整合性がなくなったりして、たいていは失敗します。たまたまうまくいくことがあっても、なぜうまくいったかがわからず、次に生かせなくなってし

図表2－13　マーケティング・ミックス4P

Product（商品）：モノとサービスの組合せ

Price（価格）：顧客との長期関係性を考慮した価格設定

Place（流通・チャネル）：商品を顧客に届けるまでの流通経路

Promotion（販売促進・プロモーション）：顧客とのコミュニケーション

まいます。

　さて、マーケティングの戦術として考えるべき要素がマーケティング・ミックス4P（図表2-13）です。4PはProduct（商品）、Price（価格）、Place（流通・チャネル）、Promotion（販売促進・コミュニケーション）の4つです。ターゲットセグメントのもつニーズに照らし合わせ、製品・サービスをどのような特徴・品質にし（商品）、いくらで提供するのか（価格）、それはどういうチャネルで販売し（流通・チャネル）、それらをどうやって顧客に伝えるのか（販売促進・コミュニケーション）を設計し、実行するフェーズになります。

Product（商品）

　商品は、ターゲット顧客からみて魅力的な商品でなければ売れません。そのため、ターゲット顧客セグメントの望むことを理解し、それを商品・サービスに具現化していくことになります。商品とひとことでいっても、それは名前・機能・プロセス・パッケージなどの属性の束のようなものです。それぞれの属性単独でなく、それらを組み合わせたときに顧客ニーズを満たせるように設計していきます。近年では、家電製品などはどれでも基本的な機能は備えていることが多く、技術的に機能をどんどん付加していっても顧客に魅力を感じてもらうことがむずかしくなっています。そのため、セットアップやアフターサービス、使用中のさまざまなサービス提供など、購買後、使用する段階でのサービス提供を組み合わせることも多くなりまし

た。たとえば、iPhoneとiTunesのような組合せです。こういったモノとサービスとの組合せも、商品を設計する際に考慮すべきポイントです。

Price（価格）

商品・サービスをいくらで売るかは重要なマーケティングの要素です。ベースになるのはその製品・サービスの製造・提供にかかったコストにどの程度の利鞘を乗せるかですが、そこに競合状況や需給関係、顧客の受容確率、顧客との長期的関係性などを考慮します。

価格体系には非常に多くのパターンがあります。消費者の認知を確立するまではコストを度外視した低価格を維持する価格浸透戦略や、複数の商品をセットにして割引するバンドリング、品質の良さを判定しにくい商品に高価格をつけることで価格から逆に品質を推測してもらうプレミアム価格など、数え上げればきりがありません。ターゲット顧客層への調査を行って受容される価格の幅を知るためのさまざまな科学的方法が存在します。何となく、ではなく根拠をもって価格付けをするべきでしょう。

Place（流通・チャネル）

チャネルとは商品・サービスが顧客に届けられる、または提供されるまでの流通経路のことをいいます。小売店・代理店・訪問販売・自販機・電話やインターネット経由のダイレクト販

売などさまざまなチャネルがあります。良い製品・サービスであっても、顧客がアクセスできる、また、顧客にとって妥当な手段と時間で手元に届けられるチャネルを用意していないと買ってはもらえません。卸・小売店を経由する場合もあれば、Amazonなど近年急激に増加しているECサイト（Electronic Commerce）を経由したダイレクト販売もあります。小売店では顧客の購買意欲を促すレイアウトが必要ですし、ECサイトではUI／UX（User Interface／User Experience）の向上が重要です。実店舗では商品を確認するだけで、後でオンラインショップを利用して小売店よりも安い価格で買うショールーミング行動も増加しており、そういった顧客の行動の変化に対応できるチャネル設置が必要です。

Promotion（販売促進・プロモーション）

プロモーションは消費者に商品・サービスの良さを伝える方法です。プロモーションといえばTVコマーシャルや新聞雑誌広告、ウェブサイトでの広告宣伝を思い浮かべることが多いと思いますが、顧客とコミュニケーションをとる方法はそれだけではありません。販売促進活動・人的販売・パブリシティ・口コミなども含まれます。ビジネスの種類によっては販社に対する奨励金（キャッシュバック）が非常に有効なこともあります。BtoBビジネスではセールスパーソンと顧客のコミュニケーションは、購買決定の最後の後押しとなることが多く、非常に重要です。パブリシティはプレスリリースなどで、メディア

に無料で記事として取り上げてもらう方法ですが、広告宣伝費がかからないだけでなく、企業発信の広告と違って信頼度が高いと消費者が感じるという利点もあります。近年では口コミの意味が大きく変わってきました。SNSが普及し、消費者自身が購買した商品・サービスを評価して発信し、それを購買前に読んで情報を集めるのが当たり前になっています。そのため、消費者にいかにポジティブな口コミを発信してもらうかをプロモーション戦略の中心に置く企業も増えています。

4Pはマーケティングで考えるべき要素を企業側の視点でみたものですが、そもそもマーケティングは顧客視点で考えることが原則です。4Pも顧客視点で表現したほうが、ターゲットセグメントのニーズに応えられるはずです。そこで、4Pに対

図表2－14　マーケティング・ミックス4Pと4Cの関係

企業の視点 マーケティング・ミックス4P		顧客の視点　4C
Product（商品）	⇔	Customer Value（顧客価値）
Price（価格）	⇔	Cost（顧客コスト）
Place（流通・チャネル）	⇔	Convenience（利便性）
Promotion（販売促進・プロモーション）	⇔	Communication（コミュニケーション）

応する顧客視点の見方として、4C（図表2-14）が提唱されています。商品は顧客からみれば得られる価値です。顧客にとって価値があるからこそ、購入するのです。価格は顧客のコストですが、単に対価として支払う金銭だけではなく、購入にかかった時間や、購買後に使えるようにするまでの労力など、顧客が犠牲にしたものが含まれます。チャネルは価値を手に入れる方法なので、顧客にとっては利便性と読み替えます。そしてプロモーションは、企業側が一方的に広告宣伝などでいいたいことを伝えるのでなく、SNSなどで顧客もコメントしたり提案をしたりする、双方向のコミュニケーションとみることができます。

(2) 4Pのシナジー

最後に、マーケティング・ミックス4Pがなぜミックスと呼ばれるのかを説明したいと思います。マーケティング戦術の策定で考えるべき4つの項目なので、英語でいうならFeaturesまたはItemsでもよいように思います。これをあえてマーケティング・ミックスと呼ぶのには意味があるのです。これまでも何度も書いてきましたが、マーケティング・ミックスは戦略的に決定したターゲットセグメントの顧客に特化して策定されなければ意味がありません。結果、4つは常に同じ方向、つまり、ターゲットセグメントの方向を向いた整合性のあるものになります。そのことが4つの間でシナジー効果を生み、より戦術を強化します。高級志向のターゲットセグメントに向けて洗

練されたデザインの商品をつくりながら、販売は庶民的な店、広告宣伝は自然派志向では顧客は混乱してしまいます。4Pが互いに効果を高め合うような設計がされてはじめて競合他社が追随できない状態になるのです。

　環境分析、STPによる戦略策定、4Pによる戦術策定を経て、実行段階に入る、というのがマーケティングの王道です。このプロセスを守れば失敗リスクを減らせ、失敗した場合でも原因を特定しやすくなります。とりあえず商品をつくってしまってから売り方を考えるなどということは決してしてはいけません。

マーケティング・ミックス（4P）

　戦略を立てずにいきなり戦術を実行してしまうことで、戦術の方向性がそろわず、シナジーを発揮するどころか顧客の不満を呼んでしまうケースもあります。今回は、いきなり戦術を実行してしまったリゾートホテルの例です。ホテルはサービス業なので、本来はサービス・マーケティング・ミックスの7P（第3章2）で分析するべきですが、マーケティング・ミックスの4Pの段階でもすでに問題は明らかでした。

　筆者があるリゾートホテルに宿泊した時のことです。このホテルには以前、夏の繁忙期に宿泊したことがあるのですが、今回は12月の真冬の時期だったので、人も少なく、さぞかしゆっくりできるだろう、という期待をもっていました。ところが、到着すると、予想に反してロビーは大混雑、人が溢れかえり、リゾートホテルとは思えない雰囲気となっていました。

　チェックイン待ちの間、筆者の近くには2組のグループがいました。左側には、「3世代6人ファミリー（以下、ファミリー）」、右側には「若者カップル」です。

　ファミリーの若夫婦は、ホテルのスタッフと楽しそうに会話をしています。会話のようすから初めての滞在のようです。滞在中は施設内でゆっくりしたいことがわかりました。両親は移動に疲れたのか、ソファに座ったままぐったりしています。なかなか日程があわないところを、なんとか家族のスケジュールをやりくりして泊まりに来たようすでした。

　若者カップルは待ちくたびれて、ロビーの窓からみえる海をバックに写真を撮ったり、壁に飾ってある絵を眺めたり、カウンターに置いてあるパンフレットをみたりしています。これから車であちこち回る観光スケジュールのようです。スマートフォンの画面をみながら、途中で立ち寄った観光地やホテルで撮った写真をSNSにアップし始めました。安いプランを選んでラッキーだったという話や、ホテルのレストランの値段の高さなど、価格の話が頻繁に出てくるので、予算的にはちょっと無理をして来ているのだろうと思われま

す。

　チェックインに30分ほどかかり、やっと別棟の部屋（このホテルはすべてコテージ型の別棟になっています）に入れたのはさらに10分後で、思わずベッドに倒れこんでしまいました。ようやく回復して施設内を散策したのですが、修学旅行の団体のバスが到着するところでした。ロビーはまだ混雑したままです。しばらく観察してみると、入り口でスタッフに名前を伝えてからチェックインの手続にも入るまでにかなりの待ち時間があり、チェックイン手続にも時間がかかり、さらに、手続後に部屋に案内されるまでに再び相当な時間を要していることがわかりました。そんななかで、到着した修学旅行生は引率者が手続をする間、てんでにグループになってふざけあったり、写真を撮りあったり歓声をあげていたりで、ますます混乱を極めてきました。このホテルのSNSをみると、青い空、碧い海、まぶしい太陽といった素敵な写真がたくさん出てきます。写真をみるだけでもリゾート地にいる気分になります。素敵な思い出を書き記したコメントがあります。説明に声をはりあげるスタッフ、走り回る子どもと疲れた老夫婦、はしゃぐ中学生たちで、混乱する現実のロビーとのギャップは相当なものです。

　このホテルの宿泊プランは、ホームページ、旅行代理店、オンライントラベルエージェンシー（OTA）のインターネットサイトでみることができます。ホームページでは、ファミリー向けプラン、早期割引プランや家族や友人へ感謝を伝えたい人向けの感謝プランといったものがあります。それぞれのプランのなかで、さらに食事の有無やさまざまなマリンアトラクションのオプションが細かく設定されています。さらに、プランごとに部屋の大きさの選択肢があります。しっかり読み込まないと違いがわかりません。

　ホテル施設内でいろいろ楽しみたい人でインターネット・リテラシーが十分ある人なら、さまざまなアトラクションのオプションは魅力的で、選択すること自体も楽しめるかもしれません。その一方で、そうでない人にとっては、100を超えるこれらの組合せは多すぎます。

　商品要素の1つであるレストランもいまひとつです。ホテルのレストランはどこも席数が少なく、繁忙期の夕食時はだいたい満席と

なります。ホテルの近くにはレストランやコンビニはなく、ホテル外で食事をしようとすると、車で出かけなければなりません。アクティブなカップルには問題がないかもしれませんが、ファミリーのようにホテル内で過ごすつもりで、しかも高齢者や幼児がいるグループには煩わしいことでしょう。

　宿泊費は同一エリア内でもかなり高価格帯に属します。そのなかでよりお得なプランを探そうという人もいるはずです。しかし、検索はまずスケジュールありきで、予算からは検索できないようになっています。価格をみようとしても先にスケジュールを入力しなければなりません。ファミリーのように、スケジュールを優先する人にとっては無駄なく調べられるのですが、若者カップルのように予算に応じてスケジュールを調整したい場合は、何度も日付を入れ直して検索し直す必要が出てきます。

　これらのことから、このホテルのマーケティング戦術は、複数のセグメントのニーズを満たそうとして4つのPの方向性がバラバラになり、シナジーどころか、経験を破壊していることがわかります。4Pは焦点が定まらないと、想定外のセグメントにアプローチしてしまったり、だれにも好ましいと思ってもらえなかったりします。逆に同じ方向を向いていればシナジーが発揮されます。それがマーケティング・ミックスなのです。

第2章の振り返り

　次の設問において、3つのなかから正しいものを1つ選んでください。

【設問1】
① マーケティングと企業戦略は表裏一体である
② PEST分析はPolitics（政治）、Ecology（生態系）、Society（社会）、Technology（技術）の観点からマクロ環境動向を把握するフレームワークである
③ SWOT分析は単に外部環境、内部環境を分析するものである

【設問2】
① 人口統計学的属性（デモグラフィック）で分けたセグメントが最も顧客ニーズをとらえている
② ターゲティングは、複数のセグメントから1つだけを選ぶことである
③ ポジショニングは、ターゲットセグメントの顧客からみたときの自社と競合他社の位置づけを明確にするものである

【設問3】
① マーケティング・ミックス4Pは経営戦略である
② マーケティング・ミックス4Pは、ターゲットセグメントのもつニーズに照らし合わせて商品、価格、流通・

チャネル、販売促進・コミュニケーションを設計し実行するフェーズである
③ 4Pがシナジー効果を発揮するためには、4つは異なる方向に向くように設計しなければならない

〈回答〉
【設問1】①（第2章2.1参照）　【設問2】③（第2章2.2参照）　【設問3】②（第2章2.3参照）

第3章

サービスの
マーケティング

第1章・第2章では基本的なマーケティングについて学びました。この第3章では、サービスのマーケティングについて学びます。

　一般的なマーケティングは、皆さんが顧客企業、主にモノの財を扱う企業の業績向上に資するアドバイスをするとき必要になる知識でした。これから勉強するサービス・マーケティングは、第1章・第2章の基礎知識をベースにしつつ、より高度な手法が求められる分野です。サービス産業は、いまや日本のGDPの7割を超える産業になっています。同時に、モノを製造している企業の場合も、モノの財はサービスの財との組合せで価値を発揮する時代になってきました。サービスのマーケティングを知ることは、現代の企業の業績向上には必須要素です。

3.1 サービス・マーケティング戦略

(1) サービス経済の時代

サービス産業（ここでは、広義のサービス業[1]を指す）が日本のGDP（Gross Domestic Product：国内総生産＝付加価値）に占める割合はどれくらいだと思いますか。

2016年で72%[2]です。

日本の全産業から生まれる付加価値の4分の3近くがサービス分野から生まれているのです。日本では、戦後の復興から高度経済成長を通して製造業が全盛を極めましたが、生活の利便性を上げる基本的なモノが行き渡り、人々のニーズはモノではなく、サービスへ移ってきているのです。いわゆる「モノからコトへ」の移行です。

これは「経済のサービス化」と呼ばれる現象で、日本は「サービス経済」の国なのです。

この経済の「サービス化」もしくは、「モノからコトへ」と

---

1 内閣府産業分類では、狭義のサービス産業には、娯楽、飲食店、旅館、洗濯・理容・美容・浴場、その他の対個人サービス、広告、業務用物品賃貸、自動車・機械 修理、その他の対事業所 サービス、教育、研究、医療・福祉等が含まれる。広義のサービス産業には、狭広義のサービス産業のほか、電気・ガス・水道、卸・小売、金融・保険、不動産、運輸、情報通信、政府サービス、民間非営利サービスが含まれる。
2 内閣府「国民経済計算」より。

第3章 サービスのマーケティング

いわれる現象は多くの先進国、さらに、東南アジアやアフリカなどの新興国でも急速に進み、サービス化の流れは世界的なものになりつつあります。サービスのGDPに占める割合のみならず、サービス業に従事する労働者の割合、家計支出に占めるサービスの割合（図表3－1）なども急激に増加してきています。

　経済のサービス化というとき、第一に生産のサービス化、第二に労働のサービス化、第三に消費のサービス化という3つの側面があります。生産は付加価値生産、労働は労働人口、消費は家計消費を意味し、どの側面をとってもサービスへの移行がみられるということです。もう少し詳しくみてみましょう。

図表3－1　3つのサービス化

| 生産のサービス化 | 国内総生産に占める割合増 |

…サービス産業のGDPに占める割合は72％（2016）

| 労働のサービス化 | サービス業就労者の割合増 |

…サービス産業従事者は72％（2015）

| 消費のサービス化 | サービス消費支出の割合増 |

…家計消費支出におけるサービス割合は44％（2016）

生産のサービス化

第一の側面、生産のサービス化をみてみましょう。GDPに占めるサービス産業の割合は、生産面におけるサービス化を示す指標になります。「日本はものづくりの国」というイメージが強いのですが、実は経済は着実にサービスに移行しています（図表3-2）。これは他の先進国も同様で、アメリカ、イギリス、ドイツ、フランスなど社会・経済が成熟している国では、サービス産業がGDPに占める割合はどこも7～8割という高さです（図表3-3）。この比率の高さは豊かさの指標とされる1人当りGDPの高さとも比例しています。経済的に豊かにな

図表3-2　日本の生産（GDP）のサービス化[3]

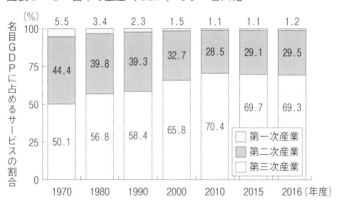

---

[3] （出所）OECD STANより筆者作成。「電気・ガス・水道・廃棄物処理業」が第二次産業に含まれているため、前述の内閣府「国民経済計算」とは数値が異なる。

図表3-3　主要国のサービス産業のGDPに占める割合[4]

国名＼年	1970	1980	1990	2000	2010	2016
イギリス	60.2	62.2	69.5	74.0	79.3	79.2
フランス	59.9	65.2	69.6	74.3	78.6	78.8
アメリカ	65.7	66.6	72.1	75.7	78.4	78.9
ブラジル	49.4	45.2	53.2	67.7	67.8	73.3
日本	50.1	56.8	58.4	65.8	70.4	69.3
ドイツ	–	–	–	68.0	69.1	68.9
南アフリカ	54.4	45.7	55.4	64.8	67.2	68.6
ロシア	–	–	35.0	55.6	61.4	62.8
インド	32.0	34.3	38.3	45.1	48.7	53.8
中国	24.9	22.3	32.4	39.8	44.1	51.6

るほど人々のニーズは、モノの基本的な機能から、教育や娯楽など文化的なもの、精神的なものに移行します。

　そのような動きは、製造業にも影響を与えています。技術開発によってモノの機能を高め、競合他社と勝負をしてきたのがこれまでの製造業です。しかし、使いこなせないほどさまざまなオプション機能がある洗濯機や、究極の画像の良さを売りにするテレビに高いお金を払う消費者はいまではあまり多くはありません。すでに必要とする機能は十分だからです。家電製品に代表されるような、技術で差別化ができなくなった製品群

4　（出所）イギリス、フランス、アメリカ、日本、ドイツはOECD STANより、その他は世界銀行「WDI」より筆者作成。値はパーセント。アメリカは2015年の数値。ロシアはソビエト連邦共和国崩壊以降の数値。ドイツは東西統一後以降の数値。

は、価格競争に陥り、利鞘がどんどん減っていきます。

これに危機感を感じた製造業が製品に関連してアフターサービスを提供したり、コンサルティングサービスを提供したり、顧客の業務を代行したりするサービスビジネスを立ち上げる動きが盛んになっています。いわゆる製造業のサービス化（サービタイゼーション）です。このように統計上は製造業のGDPとして計上されていても、実質的にはサービスを提供しているケースを考えると、日本の経済に占めるサービスの割合は8割以上になっていると考えられます。

GDPを生産の指標として説明してきましたが、実はGDPは最終的に企業が金銭的（経済的）価値として得たものしか計上していません。実社会の生産活動はそれだけではありません。GDPに含まれない家事労働や対価の生まれないボランティア活動などを考慮すれば、サービス生産はもっと大きいと考えられます。

労働のサービス化

次に、サービス化の第二の側面、労働のサービス化をみてみましょう。労働のサービス化とは、労働人口に占めるサービス業従事者の割合で、2015年時点で71.9%[5]になっています。製造業が必要とする労働力は現在ではごくわずかです。生産拠点が海外シフトしていることに加え、工場内は自動化・ロボット

---

5 独立行政法人労働政策研究・研修機構「データブック国際労働比較2017」より、広義のサービス産業の割合。

図表3－4　労働のサービス化（製造業従事者割合の推移）[6]

国名＼年	2000	2004	2008	2012	2015
日本	20.5	18.6	18.4	16.9	16.7
アメリカ	14.4	11.8	10.9	10.3	10.3
イギリス	16.9	13.5	12.0	9.8	9.6
ドイツ	23.8	22.8	22.0	19.8	19.3
フランス	18.8	16.9	15.0	12.8	12.2
中国	－	11.3	28.8	28.0	28.7
韓国	20.3	19.0	17.6	16.6	12.2

化、AI化が進み、必要な人員は少数の管理者のみという状況になってきているのです。図表3－4は就業者に占める製造業従事者の比率ですが、中国を除き各国とも一貫して減少しています。イギリスではすでに製造業従事者は10％を切っています。今後も製造工程はより効率化され、さらなる労働者の減少とサービス業へのシフトが予想されます。

消費のサービス化

3つ目の側面、消費のサービス化は、家計支出に占めるサービス財支出の割合です。日本では、2016年時点で44％です（図表3－5）。私たちの日常生活を考えてみても、車やTVや冷蔵庫といった耐久消費財の寿命はどんどん長くなっており、一度

---

[6] 独立行政法人労働政策研究・研修機構「データブック国際労働比較」より筆者作成。値はパーセント。中国は2014年の数値。鉱業、建設業は含まれていない。

買ったら頻繁に買い替える必要はなくなりました。大きな買い物である自動車についても、車の平均使用年数は1976年には普通車が7.1年、小型車が6.8年だったものが、2017年には普通車が13.0年、小型車が14.4年と倍程度まで伸びています（自動車検査登録情報協会）[7]。対照的に、高齢化で医療サービスへの支出が増えていることに加え、子どもの教育費や外食やエンターテインメントなど、物質生活より精神生活の質を上げるサービスへの支出割合が増加しているのです。

図表3−5　1年間の家計支出に占めるサービス財の割合（2016年）[8]

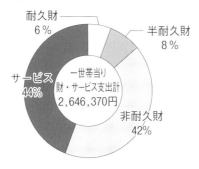

7　一般社団法人自動車検査登録情報協会「わが国の自動車保有動向」より。

8　総務省統計局「家計調査年報」より筆者作成。値は総世帯。耐久財：予想耐用年数が1年以上かつ比較的高額なもの、半耐久財：予想耐用年数1年以上で耐久財より高価ではないもの、非耐久財：予想耐用年数1年未満のもの。

第3章　サービスのマーケティング

(2) サービスの特性：IHIP

　サービスのマーケティングを考えるにあたり、まず、モノの財とサービス財は何が違うのかを考えてみましょう。

　サービスにはモノの財と異なる4つの特性（IHIP）があるとされます（図表3－6）。

【Intangibility（無形性）】

　サービスの最大の特徴は無形であることです。無形財は、モノの財と違って目にみえず、触れられず、匂いも嗅げないので、品質はわかりにくくなります。日用雑貨や家電製品などと違い、英会話学校の良し悪しや歯科医の上手下手などは一般消費者にはなかなかわかりません。サービス財はモノの財のように不良品率や耐久年数といった客観的外形基準がないことが多く、事前に調べても品質はよくわかりません。結局、実際に経

図表3－6　サービスの特性（IHIP）

Intangibility（無形性）	目にみえない（品質がわかりにくい）
Heterogeneity（不均質性）	品質が一定ではない（提供するヒトが重要）
Inseparability（不可分性）	生産と消費が同時（需給調整がむずかしい）
Perishability（消滅性）	手元に残らない（忘れられやすい）

験してみてはじめてわかることが多いのです。客観的な品質評価がむずかしいため、サービスを受ける人の感覚で評価される、つまり個々人の主観に依存することになります。

マーケティングでは、人が主観で判断する品質のことを「知覚品質」と呼び、機械で測定できるような客観品質とは区別して考えます。マーケティングは顧客視点が基本ですから、当然、問題になるのは「知覚品質」のほうです。

つまり、ターゲット顧客の主観判断が何によって左右される「知覚品質」を左右するのかを知ることが非常に重要になります。

この無形性という特徴はマーケティング上のさまざまな課題を生みます。品質がわかりにくいので、顧客は不安を感じてなかなか購買に踏み切れなかったりサービスへの期待値と実際のサービスレベルとのギャップから不満になったりします。そのため、これらを避けるマーケティング施策が必要になります。

【Heterogeneity（不均質性）】

不均質性は品質にバラツキがあり、均質でないというサービスの特徴を指します。特に、提供者が人である場合、この傾向は強くなります。工場で生産する製品とは違い、人の品質を常に一定に保つことが大変むずかしいということはいうまでもありません。採用段階で職務との適合性をよく見極め、その後の従業員教育を充実させることはどの企業もある程度は行っているでしょう。それでも、すべての従業員が同じ品質のサービスを提供するわけではありません。個人の得意不得意や個性、さ

らには顧客との相性は違います。

　不均質性の問題をよりむずかしくするのは、提供者側だけではなく、顧客側の好みや経験や知識の違いです。ITやロボット技術の進歩で、提供時のインターフェイスが人ではなくコンピュータの画面やロボットで、一定の品質が提供されるケースも増えています。それでも、不均質性は残ります。それは、顧客がそういったインターフェイスが好きかどうか、それを使いこなす能力があるかどうかで知覚品質が大きく変わるからです。リテラシー[9]の高い顧客にとっては快適なインターフェイスが、低い顧客にとってはわけがわからない、我慢のならないものになる可能性もあるのです。その意味で、企業は従業員だけでなく、顧客の教育も行わなければなりません。一方、好みに関しては、戦略段階でどういう顧客を対象とするかを決めるターゲティングが重要になります。

【Inseparability（不可分性）＝同時性】

　不可分性とは、生産と消費を分けることができない性質を意味します。そのため、生産と消費の同時性と呼ぶこともあります。サービスの生産は顧客の目の前で起こり、同時に消費されます。

　たとえば、美容院で髪を切ってもらう、病院で治療を受ける、というのは、美容師や医師からみればサービスの生産になり、顧客や患者からみればサービスの消費になります。両者は

9　適切に理解し使いこなす能力。

切り離すことができません。なかには、音楽や映画のように先に制作しておいて、顧客は後から消費をすることが可能なサービスもありますが、多くのサービスがこの不可分性を有しています。

　生産と消費が不可分であることは、需給調整がむずかしいということでもあります。たとえば、レストランでは、ある時間帯はガラガラなのに、その1時間後にはすっかり混んでしまい、せっかく来てくれたお客様を断らなければならないというようなことが起こります。供給量が固定されている業種、宿泊業や輸送業なども同じです。

　需要に応じて、柔軟にサービス提供に必要な供給能力（場所やスタッフなど）を調整できる体制をつくらなければ、収益機会を逃したり、顧客不満を引き起こしたりということにつながります。供給能力の調整がむずかしい場合は、価格を変動させるなどして、需要の側をコントロールする必要があります。同じホテルの同じ部屋でも、繁忙期と閑散期では数倍の価格差がつくのは需給調整のためです。

【Perishability（消滅性）】

　消滅性は、無形性や不可分性と関連する特性で、サービスは生産・消費と同時に消えてしまうということを意味します。サービスを受けた経験は記憶として残るものの、何かかたちのあるモノを家に持って帰るわけではありません。

　モノの財、たとえばパソコンを買えば毎日それを使う度に価値を実感します。一方、レストランで食事をして楽しかった、

おいしかった、と思ってもそれを財として家に持ち帰ることはできません。消えてなくなってしまうサービスの価値は、忘れられやすいので、記憶にとどめてもらい、思い出してもらう仕組みが必要になります。コンサートや観劇のようにサービスが強烈な感動体験を伴うようなものであれば記憶に残りやすいかもしれませんが、何かコトが起こったときしか必要にならない生命保険のようなものだと、その価値を日常のなかで思い出してもらうのは大変です。生命保険会社が顧客にさまざまな刊行物を定期的に送ってきたり、営業担当者から年賀状がきたりするのはそういう努力の一環と考えられます。

このように、サービスの特徴から、サービスのマネジメントには製造業とは異なる課題が生まれ、異なるマーケティングが必要であることがわかります。

環境分析・戦略策定などの方法は第1章・第2章のモノの財のマーケティングと共通していますので、戻って読み返してみてください。戦術段階のマーケティング・ミックスではモノの財とサービス財では違いが出てきます。次節では、サービス・マーケティング・ミックスを7つのPで考えます。

3.2 サービス・マーケティング・ミックスの7P

(1) サービス・マーケティング・ミックスの7P

サービスの場合も戦略が先です。モノのマーケティングと同様、内部・外部環境を理解し、顧客のセグメントを分け、ターゲットを絞って、自社を他社と差別化する位置づけを決めます。次に具体的にサービスを設計していく戦術の段階に入ります。モノの財では戦術段階で考えるべきマーケティング・ミックスは4つ（商品・価格・流通・プロモーション）でしたが、サービスではさらに3つ要素が増え、7つのPを考えます。

以下に、増えた3つの要素を説明します。

図表3-7　サービスの3P

サービスの3P	
	Process（提供過程）：サービス提供における共創プロセス
	Participants（参加者）：関係者のサービス生産・消費への参加
	Physical Evidence（有形化）：無形の価値の見える化

Process（提供過程）

プロセスはサービスの提供過程を意味します。生産と消費の同時性で説明したとおり、サービスの生産過程は、顧客にとっての消費過程でもあります。モノの財では、マーケターは企画にはかかわりますが、そのモノを仕様どおりにつくる生産プロセスとその品質管理は技術者や工場の管理者に委ねます。

サービスプロセスの多くは、直接企業がお客様と接するエンカウンターで起こり、ある種のサービスでは価値の中核になります。そのため、プロセスはマーケターが企画から実施までかかわってつくっていくことになります。

たとえば、店に来たお客様は最初にどこに目をやるのか、その視線の先には何を置くのかから始まり、申込み、サービスを受けるとき、バックヤード、代金の決済、アフターサービスまですべてのプロセスを設計していきます。

そのなかで、顧客・従業員双方にとって価値のある部分はどこで、ない部分はどこか、顧客不満が起こりやすい部分はどこか、などを特定し、より効率的かつ効果的なサービス提供プロセスをつくります。

Participantsまたは、People（参加者）

参加者とは、サービスの生産・消費に関与するすべての人を意味します。顧客接点にいてサービスを直接提供する従業員はもちろんですし、サービスを提供されるお客様も参加者です。

これら直接の参加者だけでなく、バックヤードや本部の従業員、その場に居合わせる他の顧客や潜在顧客なども参加者になります。サービス提供に関係するすべての人という意味で「People」と呼ぶ場合もありますが、サービスの生産・消費の当時者であるということを明確にする意味では「Participants（参加者）」と覚えておいたほうがよいでしょう。

　通常なら従業員に関することは人事部の所管です。しかしながら、サービスでは従業員がサービスの品質を決める重要な要素です。先述したプロセスのなかで顧客とともに価値を共創するのも、そのプロセスを設計したり管理したりするのも従業員です。そのため、サービスではマーケティング部署が人に関する部分、教育や業績考課の基準策定などにも関与します。

　顧客がどのように参加するかはそのサービスを決定づける重要な要素です。顧客参加がうまくいけば共創価値が高まり、企業のみでなく顧客にも従業員にもメリットが生まれます。そのため、顧客にうまく参加してもらうための仕組みや、顧客教育が重要になってきます。たとえば、病院で患者が既往症や痛みの箇所など自分の症状を適切に説明できれば、医師は正しい診断を早く下すことができますし、それは、患者が受ける治療の質を上げることにつながります。

　適切な参加ができない顧客への対処もマーケティング施策もそこに含まれます。自社がどんな顧客をターゲットとしているのかを明確にすれば、そうでない顧客には自ら避けてもらえます。長い待ち行列のあるレストランで、順番を無視して横から

入ってくるような顧客がいれば、他の顧客は不愉快になり、料理やウェイターの応対などは悪くなくても、全体としてのサービス経験への評価は下がります。ふさわしくない顧客を排除することは、多少の売上減にはなっても、大切なコア顧客の維持には必要な施策です。排除までは行わない場合は、待ち行列を減らす仕組みをつくること(先述のプロセスに当たる)、事前に行列があることを告知しておくことや、順番を守らない顧客への注意(顧客教育)なども、マーケティング施策の一環として考えます。

Physical Evidence(有形化)

Physical Evidenceは直訳すると「物理的証拠」ということになりますが、通常、「有形化」と訳されます。サービスは無形で消滅してしまうので、サービス品質やその価値を伝えることがむずかしいことは先述しました。無形部分を可視化することでサービスの価値を伝えるのが有形化です。有形化には、店舗のデザイン、Webの画面、従業員のユニフォーム、広告宣伝のコンテンツなどさまざまな方法がありますが、そのサービスから顧客が得る価値をわかりやすく表現して、顧客にそれを感じ取ってもらうための施策はすべてこれに当てはまります。

マーケティング・ミックス4Pに3つを加えて、7Pを考えるのがサービスのマーケティング戦術です。あるターゲットセグメントに向けて7つが相乗効果を発揮するように設計するのは

図表3-8 サービス・マーケティング・ミックスの7P

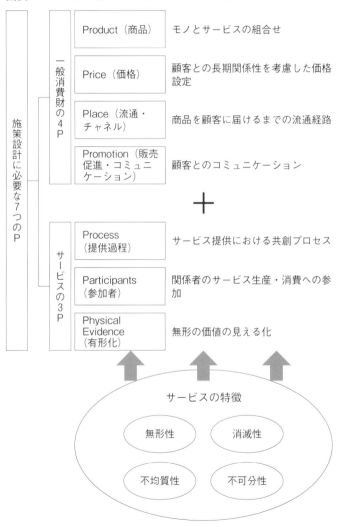

4Pのときと同じです。4つの整合性から、7つの整合性へと難易度が増しますが、7つが深く絡み合ってシナジーを起こせれば、競合他社に大きく差をつけることが可能です。

> **コラム**

東京ディズニーランドの7P

　東京ディズニーランド(以下、TDL)をサービス・マーケティング・ミックスの7Pとそのシナジーで分析してみたいと思います。

　アミューズメントパークの商品として思いつくものは、多くの場合アトラクションでしょう。しかし、TDLの魅力は、個々のアトラクションのレベルを超えた、非日常の「夢と魔法の王国」全体です。まず、外界と遮断するために園内からは外の世界がいっさいみえないつくりになっています。さらに、園内は鏡を置かず(自分をみて我に返らないため)、日本的なものも排除されています。メインキャラクターのミッキーマウスをはじめとするキャラクターやお城、未来の建物に囲まれてウォルト・ディズニーの世界に浸ることを可能にするためです。ほかにも飽きを防ぐための毎年のアトラクションの追加、混み方を分散させるアトラクションの配置などがつくりだした空間そのものが商品になっています(商品)。

　では、その他のマーケティング・ミックスはどうでしょうか。価格は1日の大人1名のパスポート(アトラクション含む)が7,400円(2018年4月現在)で、競合するユニバーサル・スタジオ・ジャパン(USJ)とはほぼ同価格ですが、他のテーマパークよりは高め設定です。USJがアトラクションの優先搭乗などを含むロイヤル・スタジオ・パスを25,600円で販売しているのに対して、TDLにはそういった優遇チケットはありません。子どもを主人公とするため、公平性を保つ努力もしているのです。例外的に、併設されるディズニーオフィシャルホテルの宿泊とセットで待ち時間を短縮できるファスト・パスを含めたパック商品を提供しています(価格)。

　チャネルは、TDLへのアクセスやチケットの購入の容易さを指します。JR舞浜駅(東京駅から15分程度)から徒歩で数分という立地なので、利便性は十分高いといえるでしょう。JR以外にも複数の手段(地下鉄・路線バス・空港からのリムジンバス・車)でのアクセスが確保されています。チケット購入はネット、現地窓口、一部のディズニーストアで購入可能です。旅行代理店経由でパッケージツアーや入園券のみ購入することもできますが、来園当日に窓口でチ

ケットと交換が必要なバウチャーになっています（チャネル）。

　顧客間の口コミ、つまり、顧客がSNSやブログで感動体験を語ってくれることが強力なコミュニケーション手段となっています。TVコマーシャルや地下鉄の車内広告など、マス広告も行われていますが、エンターテインメント・サービスは経験しなければわからない経験財なので、経験者からの口コミが最も効果が高いのです。そのため、TDLでは顧客の期待を大きく上回る感動を呼ぶようなサービスを提供すること、（たとえば、隠れミッキーを見つけるなど）人に語りたくなるような体験をつくりだすことによって口コミを促進しています（販売促進・コミュニケーション）。

　サービスを提供するプロセスの上手さでもTDLは傑出しています。そもそも、施設の運営に必要なバックヤードの活動がまったくゲストの目に触れないようになっているのです。レストランの食材やみやげ物店で販売する商品の入った段ボール、メンテナンス作業員の移動など、バックヤード作業をみると、ゲストは夢の国から日常に引き戻されてしまうからです。従業員は園内移動に全長約600メートルある地下通路を使っています。通路はレストランやショップの裏口につながっていて、顧客からはみえません。

　顧客が参加するプロセスにも多くの工夫があります。アトラクションの待ち時間は時には1時間を超えますが、待ち時間を短く感じさせる工夫がされています。曲がりくねった待ち行列を移動することで気がまぎれたり、途中にアトラクションに関連するさまざまな展示があったり、最初の予想待ち時間を長めに表示したりしてゲストを退屈させないようにしているのです。

　TDLではまだ使われていませんが、アメリカのディズニーワールドではすでにマジックバンドというウエアラブル端末が採用されています。ゲストがこのGPS付きのリストバンドを、事前購入したチケットと連動させておけば、入場券としてもファスト・パスとしても使え、オフィシャルホテルに宿泊していれば部屋の鍵にもなります。お金をチャージしておけば、園内のレストランや買い物の支払にも使えます。ゲストがまさにアトラクションのジェットコースターに乗り込んだ瞬間もわかるので、そのコースターの急降下中の写真を撮ってe-mailで送ってきてくれるサービスもあります。今後、

マジックバンドの利用者が増えればGPSで園内の人の動きがトラッキングできるため、アトラクションの混雑状況がわかり、解消策を検討しやすくなります。ゲストの利便性が上がるだけではなく、ディズニーが新たなサービスを開発するための情報になります（<u>プロセス</u>）。

　参加者で重要なのはゲスト（来園者）とキャスト（従業員）です。園内の掃除をパフォーマンスにしてしまうカストーディアルなど、さまざまなキャストの逸話を皆さんも聞かれたことがあるでしょう。ここで最も強調したいのは、ゲストの参加者としての役割です。TDLでのゲストの役割は他のテーマパークに比べきわめて重要です。なぜなら、ゲストは「夢と魔法の王国」の一部だからです。積極的に参加することで園内の雰囲気が盛り上がり、同時に顧客自身も入り込むほど楽しめます。ただし、その行動はその場にふさわしいものでなければなりません。たとえば、ボートクルーズではキャストに協力してボートを漕いだり、園内の隠れミッキーマウスを探してSNSで報告したりするような行動です。所詮つくり物だと白けている顧客や、ところかまわずゴミを投げ捨てたり、アトラクションの待ち行列に割り込んできたりする顧客がいれば、その雰囲気は一気に壊れます。TDLは世界的にみても最も成功しているケースですが、これは「夢と魔法の王国」の雰囲気に浸って正しく行動してくれる顧客が、パリや香港のディズニーランドよりも多いことによります。この顧客の質の良さこそがTDLの成功の大きな要因です。ディズニーの寓話の世界はもともとフランスが本家本元なので、フランス人には、アメリカ発のディズニーを低くみる風潮があります。香港では園内の高価格なレストランを避けて持ってきたお弁当を地面に座り込んで食べ、片付けもしないで去っていくような家族連れもたくさんいます。せっかく「夢と魔法の王国」で楽しもうとしていた他のゲストはがっかりして帰り、戻ってきてはくれません（参加者）。

　ホスピタリティや楽しさといった目にみえない価値を体現するものが有形化です。「夢と魔法の王国」が提供する無形の価値をみえるかたちにしたものは園内の至る所でみられます。園内のつくりや清潔さ、キャストの身だしなみなどはすべて有形化要素になります。

最も重要な有形化要素は、夢の国に入り込んでその一員になって楽しんでいる顧客です。ディズニーランドがゲストに提供する価値は、園内での経験による喜び・楽しさ・興奮といった目にみえない価値です。それを感じている顧客こそが最大の有形化です。そして、新たな顧客は彼らをみて、ディズニーランドがどんなところかを知り、どう振る舞うかを理解することで、「夢と魔法の王国」の雰囲気が保たれるのです（有形化）。

　このように7Pをみてみるとそれらの方向性はすべて「夢と魔法の王国」という統一性をもっている、そこにTDLの強みがあることがわかります。

(2) サービス・トライアングル

サービス・トライアングルとは、サービス生産の主要なプレイヤーである顧客・従業員・企業の三者の関係のことを指します（第1章1.2「共創マーケティングの時代へ」参照）。この三者がともに価値を得られる仕組みでなければ、サービスビジネスは長続きしません。

価値のバランスが崩れるケースを考えてみましょう。

従業員が十分価値を得られず我慢をする、という状態の極端な例はいわゆるブラック企業です。現代ではこういった企業は法律に抵触していなくてもSNSやメディアで取り上げられ、社会的批判にさらされます。それによって従業員が集まらなくなったり、顧客が不買運動をしたりして、長期的には業績が悪化します。外に出ない段階でも、パワハラ的なことが行われていたり、OJT[10]が機能していなかったりして、従業員が十分価値を得られないと、従業員のモチベーションが下がり、結果的には企業の得られる価値も減少していきます。

顧客が我慢をするというケースは、独占・寡占市場であったり、規制で守られて新規参入がなかったりする業界で起こりがちです。市場に他の選択肢がないので、仕方なく取引を継続している顧客は、不満を募らせていきます。こういった業界では、構造を破るカテゴリーキラーが参入してきたり、規制が緩

---

10 On the Job Trainingの略。職場で実際に実務をさせて行う従業員教育の手法。

図表1－4　サービス・トライアングル＋社会（再掲）

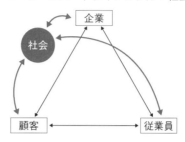

和されたりすると、これまでの不満が一気に噴出し、顧客が離れていってしまいます。金融業界はこの例の1つでしょう。

　企業が我慢をする、つまり収益が得られない状態ももちろん好ましくありません。その状態が長く続くと、経営が成り立たなくなるので、トライアングル自体が崩壊してしまいます。

　つまり、トライアングルの頂点の三者の得る価値のバランスがとれていること、価値が適切に配分されていることが継続的なビジネスの成立条件なのです。

　トライアングルの三者にはそれぞれ三者以外の関係者、大きくとらえると社会（図表1－4）が多数存在しています。顧客や従業員には家族や友人や所属するコミュニティがありますし、企業には材料や部品のサプライヤー、サービスプロバイダーや人材派遣業者など、さまざまな納入業者やサービス提供業者がいて、それらの業者にもまた同様のサプライヤーがいます。なかには、サプライヤーのサプライヤーが自社の顧客というようなつながり方をしていることもあるでしょう。希少価値のある製品を提供している中小企業1社が生産不能になると、

その部品が必須の最終品メーカーの生産が止まり、他の部品メーカーも製品が売れなくなり、というふうに広範囲に悪影響が及ぶことを私たちは東日本大震災などで経験ずみです。現代社会の経済は複雑なネットワーク関係で成り立っているのです。トライアングルのバランスだけでなく、もっと広い範囲でのバランスを考える必要がある、というのが次に取り上げるサービス・エコシステムです。

(3) サービス・エコシステム

サービス・トライアングルは40年前から提唱されてきた考え方ですが、近年になり、トライアングルに加えてもう1つの重要な主体が注目されるようになりました。

それは、「社会」です。

企業は社会的な存在として、自らのビジネスをとおして貧困や環境問題などの社会課題の解決に貢献し、同時に自社の利益も実現していくべき、という考え方です。マイケル・ポーターはこれをCSV（Creating Shared Value）と呼んで従来のCSR（Corporate Social Responsibility）との違いを明確にしました。

日本には「三方よし」の思想があります。経営者の心得として、「売り手よし」「買い手よし」「世間よし」を念頭に置いて商売をするべきというものです。世間よし、つまり社会にとってプラスになる商売をすべし、という認識は日本では古くからあったわけです。そういう意味では、「サービス・トライアングル＋社会」がバランスのとれた価値を享受することを目指す

サービス・エコシステムは日本の経営者にとって違和感のない考え方かもしれません。

　ここでの社会には、企業が事業を行っている地域社会、そこで暮らす住民はもちろんのこと、ビジネスの影響が及ぶすべての関係者が含まれています。行政・監督官庁・消費者団体・地域の企業や住民・株主・債権者・従業員・従業員の家族・サプライヤーやその顧客など、企業がビジネスを行うにあたって影響を受ける関係者が広範囲に発生します。しかも、その関係は一対一でも一方向でもなく、ネットワーク的に複雑に絡み合っているものです。自社の家族は他社の従業員であったり、ある製品で競合する他社が別の製品では顧客であったり、自社のサプライヤーが同時に自社の顧客になるようなケースもあります。競合他社に勝つ・負けるという単純な構造でものごとを考えることができたのは過去の時代です。

　このような関係をサービス・エコシステム（サービスの生態系（図表3-9））と呼び、提唱者（Vargo and Lusch）はマクロ、メゾ、ミクロのレベルで説明をしています。自社ビジネスの影響がどこまでどう及ぶのかを経営者は理解したうえで、ビジネス上の意思決定をしなければなりません。エコシステムが調和的に機能することが理想的なビジネスの姿といってもよいでしょう。

図表3-9 サービス・エコシステム[11]

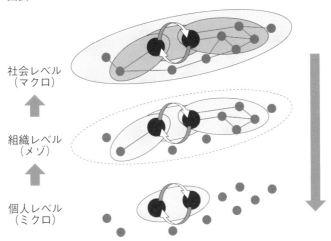

社会レベル
（マクロ）

組織レベル
（メゾ）

個人レベル
（ミクロ）

● 提供者かつ被提供者
● 個々の行為者
⌒ 提供者かつ被提供者間の取引
— 行為者間の取引
○ 同じルールや制度・制約で
　活動しているグループ、組織

---

11 Vargo *et al*. (2012) をもとに筆者作成。

コラム

伊那食品工業株式会社のサービス・エコシステム

　長野県伊那市に本社を置く寒天製品メーカー、伊那食品工業株式会社は、従業員450名、売上規模180億円の中堅企業です。急成長をあえて避け、毎年少しずつ、少しずつ成長することを樹木の年輪にたとえた「年輪経営」で全国的に知られており、国内寒天製品のシェアでは8割を占めるまでになっています。

　社是は「いい会社をつくりましょう〜たくましく、そしてやさしく〜」です。「いい会社」とは、単に経営上の数字が良いというだけでなく、会社をとりまくすべての人から、日常会話のなかで「いい会社だね」といってもらえるような会社を意味しています。実質的な創業者である塚越寛会長は、何よりも社員が精神的にも物質的にも幸せを感じるような会社をつくることが重要と考えています。自分たちを含め、すべての人々をハッピーにすること、そこに「いい会社」をつくる真の意味があるという考え方が全社的に浸透しています。

　寒天の原材料は天草（テングサ）などの海藻ですが、日本で良質な天草が不足するようになってからは、塚越会長が世界中を回って供給元を開発してきました。チリ、モロッコ、韓国、インドネシアなどの寒天に適した海藻がとれる国に技術指導を行い、サプライヤーとして育成してきたのです。技術をつぎ込んだにもかかわらず、原材料を独り占めするようなことはしていません。これらの海外協力工場が自社以外の取引先に原料供給することを認めています。また、サプライヤーに対して値切ることは、互いの事業の継続にマイナスになるとして、常に適正価格で仕入れを行っています。値切られた会社の経営者は、自社の経費節減など、締め付けを行うようになる。そして、こうした状態が続くと、結果としてその会社の社員とその家族の購買力を減退させ、経済全体にマイナスの循環を生み出してしまうとの考えからです。仕入先への決済に用いる手形の印紙、銀行口座振込手数料も「これらは本来購買先が負担するべきもの」として、自社負担しています。

　同社の主な販売先は寒天関連製品を製造するメーカーです。個人

については法人ほどの売上割合をもちませんが、「かんてんぱぱ」という直販ブランドを有し、直営販売店「かんてんぱぱショップ」（全国16店舗）、または通信販売で販売しています。スーパーマーケットなどの流通については長野県内のチェーン、または高級商品を扱うチェーンなどに限定し、仕入れ価格を値切るような大手チェーンとは取引をしない方針です。

　伊那食品が本社を構える伊那谷には、本社や工場周辺の緑地一帯の「かんてんぱぱガーデン（以下、ガーデン）」があります。ガーデンは、敷地面積３万坪、東京ドーム２個分の広さがあり、年間36万人が来場する伊那市の観光スポットになっています。県外からのバスツアーも多いそうです。毎年６月の「感謝祭」は約２万人が来場する伊那谷の初夏の恒例行事になっています。３万坪の敷地内にはゴミ１つ落ちていません。社員が始業前に来てすみずみまで清掃し、赤松を中心とする植物の世話も自ら行っているからです。

　ガーデン内にはおいしい水の出る井戸がありますが、この井戸は地域の人々に開放されており、毎日水を汲む人の行列ができるほど人気があります。ガーデンの敷地を２つに分ける農道の交通量は多く、人が横切るには危険だったため、伊那食品が歩道橋を建設し、近辺の事故の起きやすい交差点には信号機を寄附しています。社員は朝の出勤時には右折をせず、迂回して会社の敷地に入ることで、右折渋滞を防ぎ、地域住民に迷惑をかけないようにしています。

朝の風景（伊那食品工業株式会社本社）[12]

12　伊那食品工業株式会社ホームページより引用
　（http://www.kantenpp.co.jp/corpinfo/index2.html）。

伊那食品の関連会社に、定年退職した人材を再雇用する農業生産法人「有限会社ぱぱな農園」があります。ぱぱな農園は、休耕農地が荒れるのを防ぐとともに、65歳以上の退職者の再雇用を目的としており、水稲、野菜、果物等を13.5ヘクタールで栽培しています。そこで収穫された農産物は、ガーデン内のレストランで味わうことができるほか、社員の給食にも使われ、また、売店や全国各地にある「かんてんぱぱショップ」でも販売されています。この「ぱぱな農園」では、伊那食品の工場から毎日10トン出る寒天カスを再利用した海藻土壌改良剤（土の通気性や保水性を高める）「アガーライト」も使用しています。

　これらのさまざまな施策はすべて自社の従業員や取引先、さらには地域にとって「いい会社をつくる」ことにつながっています。まさにサービス・エコシステムを実現している企業といえるでしょう。

⑷　外部従業員と内部顧客

　サービス・トライアングルが「三方よし」と違う点は、従業員の位置づけです。「三方よし」では、企業と従業員は一心同体とみなされており、従業員は主体として明示的に登場しません。しかし、従業員は企業の一部で企業に滅私奉公するものだった時代は遠い昔のことです。個々人の生活と仕事をいかに両立させ、両方を充実させることができるか、ワークライフバランスが問われる時代となったいま、サービス・トライアングルのように従業員も独立した主体として扱うのは当然のことといえるでしょう。

　サービス・マーケティングでは、自社の従業員のことを「内部顧客」と呼びます。経営陣であれば従業員を、本部であれば顧客接点の現場で働くスタッフを企業内部の顧客とみなして、顧客にサービスを提供するのと同じように社内のサービスを提供するのです。社内サービスは、給与や福利厚生など、経済的なものももちろん含まれますが、研修やOJTなどの教育制度、人事評価制度、社員同士が相互に認め合うような仕組みも含まれます。たとえば、先述の東京ディズニーランドでは、良い顧客サービスをした従業員を他の従業員が褒めるカードがあり、一定数貯まると表彰されるといった仕組みがあります。

　同じく、サービス・マーケティングでは、内部顧客と対照的に、顧客のことを「外部従業員」と呼びます。第1章1.2「共創マーケティングの時代へ」で説明したとおり、顧客自身に自

分の時間や知識や労力を使って生産に参加してもらうのがサービスです。顧客に対して、サービス生産へのより良い参加の仕方を教えたり、貢献してくれた顧客に対して褒賞を与えたり、従業員と同じような施策を行います。たとえば銀行は長年ATMの近くに人を配置して使い方を教えるという顧客教育をしてきました。新規顧客を紹介してくれたり、新商品・サービスの良いアイデアを出してくれたりした顧客を表彰する企業もあります。教育によって顧客のサービスプロセスへの参加能力が上がり、褒賞によって参加するモチベーションが上がれば、結果、自社にとっても顧客にとってもより高い共創価値を得ることができるのです。シェアリング・ビジネスにみられるように、顧客参加の重要性はますます高まっています。顧客を外部従業員ととらえることでマーケティング戦術の幅は大きく広がるのです。

(5) 長期共創価値

第1章で説明した共創マーケティングについて、もう一度サービスに関して考えてみたいと思います。

サービス財はモノの財よりもはるかに共創的です。

たとえば、病院で、自分の症状をきちんと説明すること、学校で、生徒が授業に積極的に参加し、宿題に真面目に取り組んでくることは、サービスから生まれる価値を高めます。サービスに顧客が適切に参加することで、共創価値が生まれ、顧客にも企業にも良い結果を及ぼします。

しかし、それは必ずしも企業のその期の売上げや収益を増やす結果に直結するとは限りません。サービスを、四半期決算を良くするためや、短期の売上げや収益のためのビジネスととらえてはいけないのです。

その理由は、サービスからは将来のビジネスにとって重要な「金銭ではない価値」が共創されていて、多くの場合それらの価値はその期の収益ではなく、ビジネスの継続性、将来の収益につながるからです。非金銭的な価値とは知識価値や感情価値（図表1-5）と呼ばれるものです。共創価値のなかでも、知識価値や感情価値は、直接的にその期の売上げを増やすのではなく、いくつもの間接的な経路を通って、時間を経て企業の業績に返ってくるのです。

知識価値についてもう少し考えてみましょう。担当営業が、

図表1-5　共創価値の種類（再掲）

機能価値 FV	企業がそのビジネスでコアサービスとして、提供することを事前に約束し、顧客が対価を支払って購入する基本的な価値
知識価値 KV	企業や従業員の活動、顧客の知識やスキル向上に作用し、逆に顧客に関する知見が企業側に蓄積し、Co-ProductionやCo-Creationに結びつくことによる価値
感情価値 EV	企業・従業員・顧客の相互作用が生み出す正の感情がモチベーションを向上させ、Co-ProductionやCo-Creationに結びつくことによる価値

あるサービスを販売する際に顧客との会話からその人の好みや次にサービスが必要になる時期や量を知ることができたとします。こういった知識は、適切なタイミングでリマインドするメールを送って買替えや買い足しを思い出してもらったり、次に同じ顧客が来店して何を買うか迷っているときにより適切なサービスを勧めたりするための情報になります。近年では取引履歴やネット上の行動履歴など電子的なビッグデータからこの情報を得ることも可能になりました。顧客のニーズに関する情報が多数集まれば、あるセグメントの顧客向けの新商品・サービスの企画につながったり、顧客の感情に強く訴える広告をつくったりするために使えます。そういった有効な情報が知識となり、知識が企業の売上げとなるまでには一定の時間がかかります。

　感情的な価値はどうでしょうか。たとえば、ある小規模企業の社長は部品業者のセールス担当者と大変気が合い、仕事以外でも飲みに行ったりするような仲だとします。企業規模が小さいため自社の仕入れ量自体はあまり多くはないかもしれません。しかし、社長は商工会議所の集まりや経営者同士の集まりで、部品に関する話が出れば、その営業担当者を思い出して紹介してくれています。外部からは知りえない業界動向を教えてくれることもあります。まさに隠れたロイヤル顧客です。当該企業の売上げや収益には現れず、タイムラグもあるものの、長期視点でみればセールス担当者の企業にとって多大な効果が感情価値から生まれます。

このように、長期的に良好な関係を継続していくことで、非財務的な共創価値はより高まり、長期的に財務的な効果としても現れてきます。それを待てないで、短期の財務成果を基準に戦略を変えると、それまでの蓄積が水泡に帰してしまいます。

第3章の振り返り

次の設問において、3つのなかから正しいものを1つ選んでください。

【設問1】
① 経済のサービス化には、生産のサービス化、消費のサービス化、利用のサービス化という3つの側面がある
② 経済的に豊かになるほど、人々の求めるものはモノの機能から、教育や娯楽など文化的、精神的なものに移行する
③ 製造業で働く人の割合は、IT化、ロボット化によって増加することが予想される

【設問2】
① サービスには、無形性、無臭性、不可分性、消滅性の4つの特性がある
② 無形性という特性のため、サービスの品質評価がむずかしくなり、顧客が不安を感じてなかなか購買に踏み切れないことがある
③ 不可分性をもつサービスでは、需給にばらつきが出ることは当たり前なので需給調整をする必要はない

【設問3】
① サービス・マーケティング・ミックスの1つであるプロセスはサービスの設計過程を意味している

② 参加者とは、サービスの消費に参加する消費者を意味する
③ 有形化とは、サービスによって顧客が得る価値をわかりやすく可視化することである

【設問4】
① 継続的なビジネスを成立させるためには、サービス・トライアングルの三者の得る価値のバランスがとれていることが求められる
② サービス・エコシステムとは、サービス・トライアングルの三者に自分を加えたものである
③ サービス・エコシステムは競合他社に勝つための経営戦略システムである

【設問5】
① 現在では、企業と従業員は一心同体とみなされている
② サービス・マーケティングでは、顧客のことを外部顧客と呼ぶことがある
③ サービスでは、感情的な価値や知識的な価値といった、将来のビジネスにとって重要な、金銭ではない価値が共創される

〈回答〉
【設問1】②（第3章3.1(1)参照）　【設問2】②（第3章3.1(2)参照）　【設問3】③（第3章3.2(1)参照）　【設問4】①（第3章3.2(2)(3)参照）　【設問5】③（第3章3.2(4)(5)参照）

第 4 章

金融マーケティング

第4章では、これまでみてきたマーケティング、サービス・マーケティングを金融特有の性質を考慮しながら金融ビジネスへの適用を考えたいと思います。

4.1 金融環境の変化

(1) 金融環境の変化

　まず、金融機関側の視点で環境変化をみてみましょう。金融環境は規制の影響を強く受けます。2018年現在、個人顧客から預金を預かりその資金を企業に融資する、という基本構造は変わっていません。銀行業務の「預金」「融資」「為替」は、どの銀行も取り扱っています。大きく変わった点は、金融業態間、または他業界との垣根が低くなったことです。1996年から始まった金融ビッグバン（自由化）により、銀行が扱える金融商品の範囲は飛躍的に拡大しました。資産運用に関しては、銀行も非常に多くの品揃えをするようになりました。現在では外貨預金・投資信託・株式・デリバティブ商品・保険商品などが銀行で購入できます。1970年代には、個人向け商品は円定期預金と積立定期預金くらいしかなかったことを考えれば実に大きな変化です。

　日本人の個人金融資産は預貯金に偏っており、政策的にこれを株式などリスク商品に移行していくのが政府の方針です。そのため、リスクのある資産運用商品が銀行で扱えるよう規制緩和すると同時に、その適切な販売のため金融商品販売法が大幅に改定されました。お客様の運用の目的に応じて、適切な期間

やリスク度合いを考慮し、お客様の資産運用に関する知識のレベルにあわせて説明するということが基本です。

一方、銀行の融資商品の種類自体はそれほど増えていません。企業融資は、制度融資を除けばもともと個々のニーズに対応してカスタマイズしてきたので、商品のカテゴリーを増やす必要はなかったといえます。もちろん、スコアリングとそれを使ったスモールビジネスローン、ABS（資産担保証券）[1]、また、動産担保など、新しい枠組みもありますが、資産運用商品の取扱いの拡大には遠く及びません。

それよりも融資側での大きな変化は、既存の金融機関に限定されない融資以外の資金調達手段の多様化でしょう。まず、間接金融から直接金融への移行があります。普通銀行による社債発行は1999年にスタートしています。既存の金融機関以外の参入として、後述するFinTechの1つであるクラウドファンディングは特筆に値します。金融機関や金融市場ではなく、個人が少額の資金をインターネットを介して融資する仕組みができたことの意義は大きいといえます。まだまだ調達金額は小さいですが、金融業界外から新たな資金調達の仕組みが出てきたことは重要です。2006年には銀行代理店の規制が緩和[2]されました。近年増加しているFinTech企業の多くは、この銀行代理

---

[1] Asset Backed Securities。なんらかの資産を証券化したもの。ローン担保証券、CLO、社債担保証券CBOなどがある。
[2] 2005年に改正、2006年4月施行
（http://www.fsa.go.jp/houan/163/01a.pdf）。

図表4-1　金融自由化に関連する主な動向

年	主な動向
1964	OECD加盟、IMF8条国移行
1970	円建て外債（公募債）の発行開始
1970	円建て外債（私募債）の発行開始
1971	預金保険制度導入
1973	都市銀行で預金のオンライン業務開始
1980	外為法を原則自由の法体系に改正、外資法廃止
1984	先物外国為替取引に関する実需原則撤廃
1985	大口預金金利自由化（10億円以上）
	市場金利連動型預金（MMC）の誕生
	東証、外資証券会社の会員数拡大決定
1987	コマーシャルペーパー(CP)市場創設
1988	東証、外国証券会社16社に会員権付与
1989	大口定期預金金利自由化（1,000万円以上）
1993	業態別子会社方式による相互参入（銀行・証券・信託）
1996	銀行・証券・保険の相互参入（金融ビッグバンの開始）
1997	金融持ち株会社の解禁
1998	銀行窓口投信販売解禁
	外国為替取引の完全自由化
1999	証券子会社の業務制限廃止
	普通銀行による普通社債発行の解禁
	銀行等による証券仲介業務解禁
2001	都市銀行の信託業務解禁
2002	個人年金保険販売解禁
2004	銀行の証券業務開始
2005	ペイオフ全面解禁
2006	銀行代理店制度改革

店制度を使うことによってビジネスが可能になりました。

(2) 金融における共創の時代

第1章1.2で共創価値について説明しました。ここでは、金融業界における共創について考えてみましょう。

金融サービスは特に長期視点が重要です。売ったらそれで関係が終わる売り切り商売ではなく、個人ならその人の一生、場合によっては何世代にもわたって、企業なら存続する限り永久に続く取引を考えなければなりません。この業界は従業員の転勤が多い業種です。でも顧客からみれば担当がだれであっても、取引している金融機関は同じです。当然、同じレベルのサービスが期待され、首尾一貫性が求められます。

従業員側にとっても長期視点には意味があります。地域密着型の金融機関では一定の地域で営業するので、たとえ異動があったとしてももとの支店に戻って来てまた担当になったり、異動先でも担当していた顧客と関係の深い顧客に出会ったりします。

個人の取引では、人々の金融ニーズは人の一生のさまざまな局面で発生するので、ニーズが発生していない時期であれば商品・サービスの購入にはつながりません。仮にある新社会人が給与を受け取る口座をつくった際に、その銀行の応対に感動してファンになってくれたとしても、その時点の金融ニーズは限られます。そもそも家を買う予定がない人は住宅ローンを借りようとは思いません。その人に住宅ローンのニーズが生まれる

のは5年後かもしれず、10年後かもしれないのです。

　金融ビジネスは人の一生を通じて金融サービスを提供するもの、そして一生を通じて取引を継続してもらってはじめて収益が最大化するものなのです。ある一時期の不採算・低収益を理由に顧客を切り捨てるのではなく、将来ニーズが発生したときに思い出してもらえるポジションにいることが重要です。

(3)　新規参入者の特徴

　世界中の金融業界に現在大きな変化が生じています。2018年10月現在、新聞などでFinTech企業のニュースをみない日はありません。FinTechは情報技術（Information Technology）を使った金融（Finance）サービスのことです。FinTechというとビットコインなどの仮想通貨のベンチャー企業を想起する人もいますが、それはごく一部であって、ビジネスの範囲は非常に広範で、規模もさまざまです。AmazonやGoogleなどのITジャイアントと呼ばれる企業群の金融参入もありますし、業務範囲も決済・与信・資産運用と金融サービス分野のほとんどすべてに及んでいます。

　金融業界は長年規制に守られて業界の構造が固定化されていました。そのため、これまでとは異なるルールを自ら新たにつくり、業界を変えていくタイプの改革は不得意な企業が多いといえます。一方、他業界、特にIT業界はもともとイノベーションとそのスピードとを旨としてきました。顧客ニーズを先取りした新サービス、顧客にとっての利便性の最大化、顧客視点

のコミュニケーションなどを武器に、新規参入が続いています（図表4－2）。

　決済分野では、ビットコインなどの仮想通貨で支払が可能な店は、家電量販店ビックカメラや百貨店の丸井をはじめ、国内でもすでに26万店（2018年4月時点）あります。

　スクエア（Square）[3]など、スマートフォンに安価なクレジットカードリーダーを装着するだけで簡単にカード決済できるサービスもあります。これにより、露天商などの零細業者でも専用端末を買って高い手数料を払わなくても売上代金のカード決済が可能になっています。また、アカウント・アグリゲーションによる個人の資産ポートフォリオ管理、家計簿サービスも普及してきました。個人だけではなく、中小零細企業や個人事業主などを対象に会計処理と納税事務などを、クラウドを使って自動化・省力化するサービスも登場しています。

　資産運用では、ビッグデータを使った独自のアルゴリズム[4]で投資判断をして、預かった個人の資金を運用するロボット投資や、AIなどを利用して運用のアドバイスをするサービスが増加しています。

　貸出分野では、先述のクラウドファンディングのように直接的な融資のかわりになるものが存在します。海外では、SNS上の友達が保証してくれることでローン金利が安くなる仕組みや、ネット上のその人の発信やそれに対する反応をベースに与

3　https://squareup.com/jp
4　問題解決のための手順、方法。

図表 4 - 2　FinTechのスタートアップ企業数（2018年 4 月）[5]

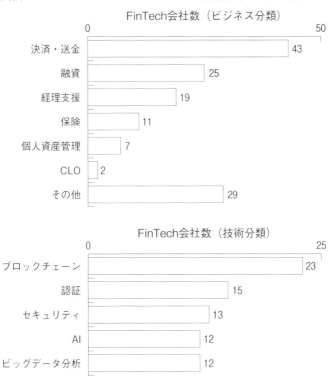

---

[5] 一般社団法人Fintech協会（https://fintechjapan.org/）の資料をもとに筆者作成。同一企業が複数のサービスを提供しているため、会社数と合計値は異なる（現刊行物：「FinTech世界スタートアップ企業データベース1500(2017-2018)」）。

信のスコアリングをするサービスなどがすでに活用されています。

　FinTech企業のニュービジネスは、既存の金融機関が対応できていない顧客ニーズをとらえたもので、価格の安さや、UI／UX（使い勝手）の良さなどが売りになっています。これらの動きはすでに一部のイノベーターのみが受け入れている段階を超えています。FinTech企業同士の競争も激しいので、参入・撤退はまだまだあるでしょうが、もはや海外の話、遠い未来の話ではないことは認識する必要があります。これらの動きに対して、既存の金融機関は何を強みとして、どの部分で顧客に選び続けてもらうのかを明確にしなければなりません。

4.2 金融マーケティングの特徴

(1) 金融商品の特徴とマーケティング

金融商品には次の3つの特徴があります。

媒介財である

金融商品は媒介財です。顧客には本来の目的があり、金融はその手段として使用されます。何かを買うため、または、買った結果として代金をやりとりするのが決済です。家や車、何かを買うためにお金が足りないからローンを借り、事業を発展させるために投資が必要だから融資を受けるわけです。何かを買いたいからお金を貯める、増やすも同様です。本来の目的が明確な場合もあれば、将来に備えるといった漠然としたものの場

図表4-3　金融商品の3つの特徴

媒介財である	金融は手段 (本来の目的は別にある)
価値が変動する	金融商品には二次市場が存在 (購入後に価値が変動する)
企業が顧客を選択する	逆選択 (金融機関が顧客を審査して選択)

合もあります。いずれにせよ、本来の目的を達成することに関していかに役立てるかが金融サービスの価値を決めるといってもよいでしょう。そのため、金融のマーケティングでは金融に関する部分のみでなく、顧客の本来の目的と、その購買プロセスを理解することが必須となります。

価値が変動する

　金融商品は二次市場があるので、顧客が購入した後も常に価値の変動が起こります。株式などの資産運用商品に限らず、融資でも預金でも、短期でも長期でもマネーマーケットでの需給によって金利水準が日々変わるため、顧客の保有している金融商品の価値も変動することになります。このことは顧客に売却や追加購買、買替えや借換えを考えさせる要因にもなり、金融機関にとってはチャンスでもありリスクでもあります。

　特に、資産運用商品の価値が下がると顧客は不満になり、その不満を販売した金融機関に向けることもあります。販売時には個々の顧客にあわせた説明が必要です。十分な知識や経験をもつ顧客に初心者と同じ説明は不要ですし、顧客の時間を無駄にしてしまうのでよろしくありません。一方で、そうでない顧客に自行のオススメといって複雑な商品を十分説明せずにセールスをすると、個人投資市場が未成熟な日本の今後の市場機会を潰してしまいかねません。

企業側が顧客を選択する

　金融の特徴を顕著に表しているのは、与信審査でしょう。通常のビジネスで、商品をほしいといってくる顧客に、「あなたには売りません」と企業が拒否することはまずありません。しかし、金融では、審査の結果、金融機関側が顧客を選別し、売る（貸す）・売らない（貸さない）を決めます。しかも、大抵の場合、与信審査のプロセスは顧客に開示しないので、売らない（貸さない）といわれた顧客の多くは不満を感じます。法人顧客へは、現時点では借入れができない状態でも、経営をどのように改善すれば借入れ可能になるかのアドバイスをすることが重要です。一方で、マーケティングの役割として「デ・マーケティング」[6]といって、借入れ不可能な顧客に来てもらわないためのコミュニケーションをとることが考えられます。通常のマーケティングが顧客を増やすことを目的とするのとは逆ですが、来てもらって断ることで不満な顧客を増やすよりはずっと良いといえるでしょう。FinTech企業のなかには、この判断の基準となるクレジットスコアをどのように向上させるかのアドバイスを個人顧客に行うところもあります。法人の場合、「事業性評価」の際に行う企業分析がそれに当たります。第2章2.1で学んだ外部環境・内部環境分析などを有効に活用しましょう。

---

[6] 通常のマーケティングとは反対に、需要を抑制するよう働きかけるマーケティングのこと。

(2) サービス・トライアングルとサービス・エコシステム

次に、金融マーケティングにおけるサービス・トライアングルを考えてみましょう。トライアングルの「企業」に当たるところが「銀行」になります。銀行と従業員と顧客の三者が互いに共創的に活動することで新たに創出される価値を高めること、価値を独り占めするのでなく、適切に分配して、総量をふやすような関係を構築することが基本となります。創造される価値の量は決まっていて、ステークホルダーはそれを取り合うというゼロサムゲームが古い経済学の考え方でした。共創マーケティングでは総量は増やせる、と考えます。

さらに、第3章3.2(3)ですでに述べたサービス・エコシステムの考え方は、他業種よりも金融サービスにより当てはまる考え方です。もともと地域密着型の金融機関と地域は共存共栄の関係にあります。金融機関の行動は顧客である地域の企業の業績に影響し、その企業の従業員に影響し、さらにその家族に影響します。消費行動の変化は、地域の商店などの業績に影響し、メーカーに影響し、結果として、それは地域経済全体に影響を及ぼします。地域経済は、地方公共団体の税収に影響し、税金の使われ方は再び地域企業の業績や人々の生活の質に関係します。そして、地域経済の動向はその金融機関の業績に戻ってきます。ある地方銀行が隣県に進出して企業に融資する際に、不合理なまでの低金利を出すような戦術はサービス・エコ

システムの崩壊につながります。隣の県の銀行も同じことをして攻め返してくるのは明らかだからです。それで地域金融全体が疲弊しては結果的に地域の企業にとっても銀行にとっても良い結果にはなりません。個人についても同様のことがいえます。地域住民は銀行の顧客ですし、地域の企業の従業員やその家族、顧客でもあります。さらに、ある地域の経済状況は、監督官庁・債権者・取引先・株主、個人顧客の家族・親戚・友人・知人を通して地域を越えて波及していきます。まさに経済の生態系（エコシステム）になっているわけです。

(3) マーケティングとセールスの関係

金融マーケティングで重要なことは、マーケティング戦略とセールスを含む個々の戦術の連携です。

マーケティング戦略の策定は本部の仕事です。銀行全体のSTP（第2章2.2参照）、つまり、どのような顧客セグメントをターゲットにするのかを明確にし、同一地域で営業する地銀や信用金庫・信用組合・JAなど競合他社とのポジショニングをして、選んでもらう理由を明確にします。そして、その顧客セグメントに対して、7Pの戦術を策定していきます。7Pの商品の品揃えやベースの金利設定、チャネルの準備、広告宣伝などは本部で行います。このとき、本部は目標にあった十分なサービス・マーケティング・ミックス7Pを支店に提供しなければなりません。多くの銀行で全体目標を決めて、前年の実績ベースで支店に目標を割り当てることがされていますが、戦略策定

とは、鉛筆をなめて目標を割り振ることではないのです。支店の環境や資源を無視した目標設定は7Pシナジーを崩し、戦略を失敗に導きます。本来は支店の状況を吸い上げてインタラクティブに積上げ型の目標を設定すべきでしょう。

　支店は支店独自の戦略をベースにマーケティングを行います。支店では、銀行全体の戦略方針を十分理解して、さらに支店ごとの置かれている環境を分析し、支店のSTPを行い、戦略を決め、7Pのアクションに落としていきます。そして独自の戦略をベースに戦術的マーケティングを行います。本部から割り振られた売上げ・収益・件数目標をただ力技で達成するのが支店の仕事ではありません。本部が用意した7Pの選択肢のなかから、自店舗の環境にあうものを組み合わせて戦略的に使わなければなりません。ターゲット顧客のニーズを満たす商品・サービスがないのであれば、支店は本部にそれを伝え、連携して新たな商品・サービスをつくっていく必要があります。セールスは支店のマーケティングの最終段階で登場します。つまり、マーケティングがさまざまな手立てでサポートをして、セールスは契約締結の最終段階で顧客の背中を押してクロージングするのです。さらに、契約後の利用段階でのマーケティングがあり、金融サービスではこちらのほうが重要です。購入後に価値を増やしていくことが共創マーケティングだからです。

(4) BtoC顧客のニーズと金融マーケティング

　ここでは、BtoC（Business to Consumer）と呼ばれる個人顧

図表4-4 購買意思決定の5段階

客に関する金融マーケティングを考えてみましょう。個人顧客へのマーケティングで重要なことは、個々人のニーズや知識や好みの差、つまり顧客の異質性を理解することです。顧客が金融商品の購買を決める意思決定過程をたどりながら個人の異質性を考えてみましょう。

顧客の購買意思決定は、一般的に次の5段階で行われます。マーケティングの施策も対象が5段階のどの段階にいる顧客なのかで異なります（図表4-4、4-5）。

第1段階は顧客の問題認識、第2段階が情報収集、第3段階が代替案評価、第4段階が購買、第5段階が購買後評価となります。住宅ローンの例を交えながら考えてみましょう。

問題認識（ニーズ喚起）

第1段階の問題認識は、言い換えれば、顧客ニーズの喚起です。生活のなかで足りないものを問題として認識すること、これがあったらもっと生活の質が良くなる、と気づくことを意味します。

図4-5 ニーズの違いによる購買意思決定のパターン

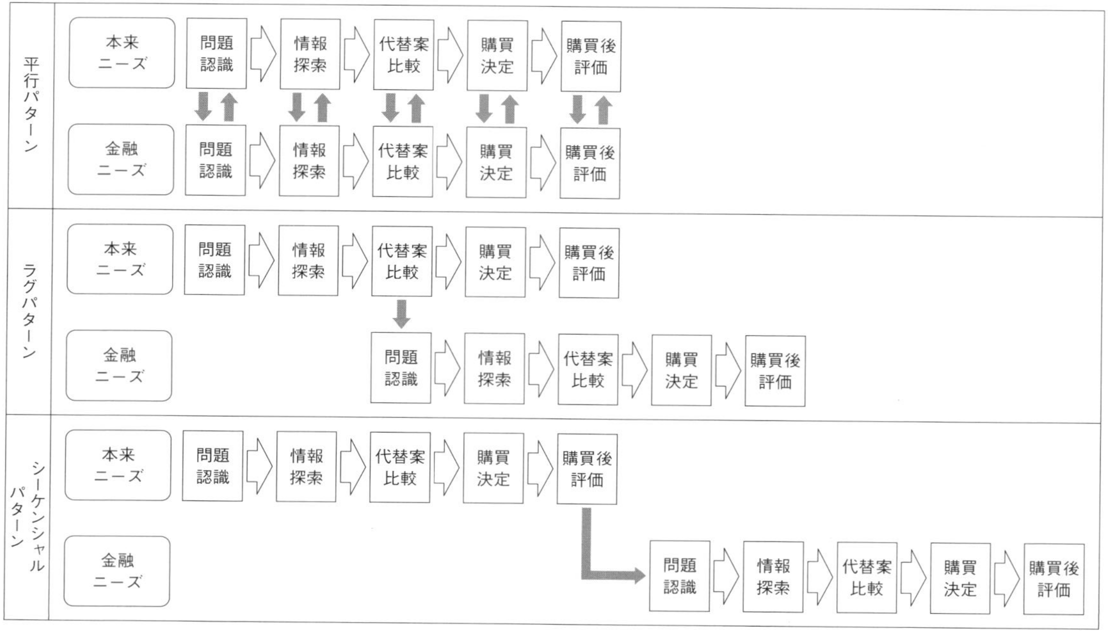

平行パターン
- 本来ニーズ: 問題認識 → 情報探索 → 代替案比較 → 購買決定 → 購買後評価
- 金融ニーズ: 問題認識 → 情報探索 → 代替案比較 → 購買決定 → 購買後評価

ラグパターン
- 本来ニーズ: 問題認識 → 情報探索 → 代替案比較 → 購買決定 → 購買後評価
- 金融ニーズ: 問題認識 → 情報探索 → 代替案比較 → 購買決定 → 購買後評価

シーケンシャルパターン
- 本来ニーズ: 問題認識 → 情報探索 → 代替案比較 → 購買決定 → 購買後評価
- 金融ニーズ: 問題認識 → 情報探索 → 代替案比較 → 購買決定 → 購買後評価

先述したとおり、金融商品は媒介財です。住宅ローンの場合、そもそも家を買いたいというニーズが喚起されていなければ話は始まりません。そのため本来ニーズである住宅の購買意思決定から考え始めます。住宅販売業者は、賃貸ではなく自分の家をもちたい、と思ってもらおうとします。金融マーケティングのアクションとしては、住宅販売業者がニーズを喚起するような場面で、自行の住宅ローンのニーズを同時に喚起できるようにすると効果的です。

　この段階では、顧客は展示場に来るとか、資料を請求するといった行動にはまだ出ていません。住宅販売業者の戦術は、TVやネットなどでの広告宣伝をしたり、雑誌に記事を載せたり、DMを送ったりするプロモーションが中心になります。このときの金融マーケティングの目標は、いままで気づいていなかった問題意識を顧客にもってもらうことです。たとえば、「低金利のいまこそ理想のわが家を手に入れるチャンス」というような謳い文句の広告は、持ち家ニーズと住宅ローンニーズの両方を喚起するものになります。同時喚起により両者の意思決定過程は平行して進みます。図4-5の平行パターンです。

情報探索

　さて、ある顧客の住宅購入ニーズ、それに伴う住宅ローン借入れニーズが喚起されたとします。第2段階は情報収集段階です。問題を認識した、つまりニーズが喚起された顧客はそれに関する情報を収集し始めます。情報収集には2つの方法があり

ます。1つは内部情報探索といって、自分の過去の経験や知識を思い出すことです。それだけでは足りない場合は、もう1つの方法として外部情報探索を行います。ネットで調べたり、人に聞いたり、支店に行ってパンフレットを集めたり、普段付き合いのある渉外係に相談したりして、自分以外の情報源（外部）からの情報を集めます。このとき、顧客が探しに行きそうな情報源に自行の情報を出すことが重要になります。顧客がネットで情報を集める人ならインターネット上の検索サイトに広告を出し、顧客が住宅展示場やマンション販売センターに来店する人なら、自行の住宅ローンを紹介してもらえるよう住宅販売会社と提携したりします。

　近年の情報収集で特筆すべきことは、インターネットからの情報収集の増加です。1980年生まれ以降の、子どもの頃からインターネットやデジタル機器に慣れ親しんできた世代をデジタルネイティブといいますが、彼らの主な情報源はスマートフォンを使ったインターネットです。それより年上の世代の使用するデバイスはどちらかといえばPCですが、デジタルネイティブは何かを購買する際にはまずスマートフォンで調べるという行動が一般化しています。特にサービスは無形性をもつ経験財なので、経験者からの口コミが参考にされやすく、ブログやLINEなどのSNSでの経験談、評価サイトなどが情報として多く使用されるようになっています。

　情報収集は、それ以上情報を集めるコストのほうが追加情報から得られる便益より大きくなると顧客が判断した時点で終了

します。ここでのコストは時間や労力やお金など顧客にとってのなんらかの負担を意味し、便益はその情報によって可能になる、より良い選択から得られるメリットを意味しています。

代替案比較

　情報が集まったら、選択候補を比較します。代替案比較の方法は人によって、また、対象によって異なりますが、いくつかの典型的なパターンがあります。たとえば、重要な要素をいくつか選んで、それぞれウェイト付けし、代替案を評価して、加重平均する方法はその1つです。他に、一定の足切り基準を置いて、それを満たす最初に出会ったものにする、トーナメント方式で2つずつ候補を比較して、良いほうを残していき、最後に勝ち残ったものを選ぶ方法、などもそうです。一般的には対象がその人にとって重要であればあるほど代替案比較に労力をかけます。先述の加重平均は比較的労力がかかるので重要なものに使用される方法です。住宅であれば、駅からの距離、広さ、価格、環境、などの項目を一覧表にし、それぞれの重要度と評価を数値化して加重平均するようなイメージです。対象の重要度だけでなく、使える時間も、事前の知識も人によって異なるので、だれもが同じような比較方法をとるわけではありません。結果としての選択も変わってきます。金融機関の従業員は一般の顧客より金融知識が豊富ですから、自分の比較方法は顧客には当てはまらないと思っておいたほうがよいでしょう。

購買決定

　代替案比較によって、購入する商品・サービスの第一候補が決まります。次に顧客は実際の購買のための行動を起こします。この段階でマーケティングが行うべきことは、顧客にとっていかに購買をしやすくするかです。たとえば、顧客が来店できる時間に店舗を開けておく、店舗に来なければならない回数を減らす、必要書類を少なくして顧客の負担を減らすなどです。せっかく第一候補に残っても、この段階で顧客が購入できず、またはあまりに面倒でやめてしまうこともあります。

　また、本章4.2(1)「金融商品の特徴とマーケティング」で説明しましたが、融資やローンの場合は与信審査があり、わざわざ申込みをしてくれた顧客に対し、申込額より少ない融資金額を提示したり、断ったりしなければならないこともあります。これは通常のBtoCのビジネスでは滅多に起こらないことです。顧客は非常に不満になりますし、金融機関側も受付から審査までの多大なコストが無駄になります。先述したとおり、マーケティングの施策としては、できるだけ審査に通る条件をわかりやすく伝えて、断らなければならない顧客には申込みをする前に諦めてもらうようにするのが良いのです。条件を明示する、ネット上でシミュレーションをしてもらうなど、方法は考えられます。一方で、審査してみなければわからない見込み顧客を逃さない工夫も必要です。一般的に金融機関は不正を防ぐために審査基準の詳細を外部に開示することはしていません。

しかし、情報技術の進歩でネット上の人の行動の多くが足跡を残す（デジタルフットプリント）ようになった現代、不正を防ぐ方法は十分あります。

購買後評価

　購買後に顧客は使用・経験を評価します。その結果、同じ金融機関で他の金融サービスも受けてみたいと思うか、もう二度と使わないと思うか、その人の態度が決まります。金融サービスはほとんどの商品が長い取引を前提としていますし、その長い取引の間にクロスセルの機会が生まれ、さらに取引が深まるので購買後評価は非常に重要です。

　しかも、購買後評価は、他の潜在顧客への影響もあります。サービスは経験財なので、購買前の情報収集で経験者からの口コミが重視されることは先述しました。自分のブログに載せたい、と人が思うような感動体験を金融でつくることはなかなかむずかしいかもしれませんが、不可能ではありません。ある金融機関では自行で住宅ローンを組んで住宅を手に入れた顧客のお宅を訪問して、庭に植樹をさせてもらっています。通常の販促品と違って大変顧客に喜んでもらえるそうです。顧客の身になって考えれば、金融機関名の入った日用品などはだれも使いたくないことはわかります。これから何十年も住む家とともに成長していく木のプレゼントは住宅を新築した顧客にはぴったりのサービスだったのでしょう。このようなサービスを企画することは十分可能なのです。ただ、そのためには顧客をひとり

の生活者、生きた人間だということを肝に命じる必要があります。当たり前のことと思われるかもしれませんが、住宅ローンコラムにあるように、現実にはそれができていないのが既存の金融機関の実態です。

> **コラム**
>
> #### 住宅ローンの債務者にはライフスタイルの選択肢はない？
>
> 　友人が住宅ローンを借りることになりました。同居している彼女の本社（他県にある）への転勤を機に、新居を購入するためです。二人は同居してすでに 5 年ほどになりますが、籍は入れていません。理由を聞いたことはないのですが、彼女は一部上場企業でキャリアを積み上げてきた人なので、夫婦別姓制度ができるのを待っているのかも、と何となく思っていました。最近は筆者の周りでも、入籍しない事実婚カップルは増えていて、とりたてて「どうしてなの？」と聞くほどのことでもありません。
>
> 　二人が相談にいった銀行は、不動産会社の紹介でした。詳しい話をするまでもなく、15分ほどの面談で 3 つの条件をクリアしないと仮審査さえも受けられないといわれたそうです。1 つ目は、現在住んでいる彼女名義のマンションを売却し、そのマンションを買うために借りたローンを完済すること、2 つ目が、確実に転勤することを保証する書類を会社から発行してもらうこと、3 つ目が住宅ローン実行日までに入籍すること、でした。
>
> 　二人がすっかり怒って帰ってきたので、話を聞いてみると、その銀行の担当者が、まるでその 3 つの条件を、当たり前のことを準備してこない非常識なカップルだといわんばかりの言い方で言い放ったということなのです。
>
> 　「じゃ、ローン実行するまでに入籍しといてください」といわれたんです。
>
> 　「免許証のコピー出してくださいねー」くらいの言い方でした。
>
> というのが二人の受けた印象です。
>
> 　百歩譲って、銀行関係者なら最初の 2 つの条件はまだ理解できます。過去の住宅ローンが残ったまま、もう 1 つ不動産のローンを組むなら住宅ローンではなく、金利が高いセカンドハウスローンなどになります。新規の物件を金利の低い住宅ローンとして組むなら、古い物件を売却して完済するケースが実際には多いでしょう。それでも、両方のローン残高を合算して、二人に返済可能かどうかを検討する余地はあったはずです。15分の聴き取りで返済能力が十分あ

第 4 章　金融マーケティング

るかどうか検討できたとは思えません。

　また、投資用ではなく、居住することが住宅ローンの要件なので、その地に転勤する証明がほしいというのもわかります。けれど、大企業が半年以上先の人事異動を文書で保証するということはあまりありません（そもそも銀行でも2週間前に遠隔地異動が発令されるのだからわかりそうなものです）。常識的に考えれば、かなりハードルの高いことだとわかります。

　銀行と付き合いの長い筆者でも3つ目の条件は訳がわかりませんでした。一緒に居住する二人の債務者がいて、それぞれの収入から返済をし、持分も按分して登記する、というとき、債権者の視点でも入籍は必要ないはずです。

　ともかく、返済能力が認められるかどうか知りたいので、他の条件は検討するから何とか仮審査だけでもしてほしいということで、仮審査に入りました。その後も、源泉徴収票のかわりに確定申告書を出したら、「提出書類欄に源泉徴収票と書いてある」といって拒絶されたり、運転免許証を更新していなかったので住民票を出したら、免許証でないとダメだといわれたり、官僚的・形式主義的なやりとりが続き、結局その銀行からは借りないことになりました。

　この銀行は普段から広告コピーで、「ひとりひとりの生活に寄り添って」「あなたの夢をサポート」など、利用者の視点を重視することをうたっています。入籍するかしないかなどは、最も個人のライフスタイルや価値観にかかわるセンシティブな意思決定の1つと考えられます。人を人と考えない、つまりローン債務者という没個性の対象とみられたこと、住宅ローンを借りるならライフスタイルに選択肢はないといわれたことに、二人はひどく傷ついたのです。担当者は自行の広告コピーと真逆の行動をしていることに、いつ気づくのでしょう。

⑸ BtoB顧客のニーズと金融マーケティング

次に法人顧客に対する金融マーケティングを取り上げます。こちらは企業対企業という意味でBtoB(Business to Business)と呼ばれます。

BtoB顧客の本質的なニーズは自社のビジネスの成功です。もちろん、成功といっても企業によってその意味はさまざまです。売上げや利益を前年比で増加させることかもしれませんし、業界内のシェアの増加、収益率の改善を目指す場合もあるでしょう。店頭公開や上場といった具体的な目標があることもあるでしょう。そういった財務的成功ではなく、ビジネスが継続すること自体を成功と考える老舗企業もあります。第3章のコラムで紹介した伊那食品工業株式会社のように、社員の幸せが最も優先される目標で、財務的な成功はその結果としてついてくると考える企業もあります。企業ごとに違うビジネスの成功の意味を正しく理解しなければ、顧客をサポートすることはできません。それらを知るには、まず相手の企業理念・経営者の考え方を知り、その従業員への浸透度、実務での実践状況を知ることが重要です。

金融庁のいう「事業性評価」もねらいは同じです。事業性評価は、ビジネスの結果である財務諸表だけで取引先企業を判断するのではなく、さまざまな環境分析や企業分析を定性的な情報も含めて行い、顧客のビジネスそのものを理解し、その将来性を予測して融資を行うための方法です。そのために、第2章

で説明したPEST、SWOT、VRIOなどの経営分析手法を駆使して企業を評価します。しかし、顧客企業の経営分析は机上のみでできるものではありません。机上でやろうとすれば、必ず足りない情報があることに気づくはずです。たとえば、業務プロセスのどこが非効率なのか、サプライヤーや販売先との関係は良好なのか、従業員の士気は高いのか、そういったことは、決算書の数字や過去の融資稟議書ではほとんどわかりません。あなたが渉外係であれば顧客の業界の動向や、決算書の数値はしっかり頭に入れることは当然のこととして、そこから実際の企業を訪問して足りない情報を集めなければなりません。表面的な訪問でなく、社長としっかり話をする時間をもらって現在のビジネスの課題を聞き取りましょう。また、企業内に入り込んで職場の雰囲気を観察し、その企業の従業員にも接して日常会話のなかからどんな課題があるのか、その解決策についてのヒントを探しましょう。顧客が海外に工場移転を考えているのであれば、海外動向を、古いシステムで効率が落ちているなら最近の技術やそのトレンドを、人材育成に悩んでいるなら人的資源管理やリーダーシップについて勉強しなければなりません。自分だけでそれが不可能であれば、サポートできる専門家とネットワークを構築しましょう。専門家だけはありません。多くの金融機関が一見競合とも考えられるクラウドファンディング企業と組むのは、クラウドで資金提供する不特定多数の一般消費者の反応を知り、それを融資可否の判断材料とするためです。その企業の商品・サービスのテストマーケティングでも

あるのです。

　顧客の事業目標の達成をサポートすることこそが、顧客企業からの信頼につながり、より多くの知識価値と感情価値の増加につながり、結果につながるのです。それは長期的に取引の継続・増加や顧客紹介につながり、自行の収益に、さらには地域経済の活性化につながります。

第4章の振り返り

次の設問において、3つのなかから正しいものを1つ選んでください。

【設問1】
① 企業の資金調達は多様化し、直接金融から間接金融へ移行している
② 顧客の金融ニーズが発生していない時は、商品・サービスの購入にはつながらないので、渉外活動は控えるべきである
③ クラウドファンディングは、金融機関や金融市場ではなく個人が少額の資金を、インターネットを介して融資する仕組みである

【設問2】
① FinTech企業は規模が小さく、ビジネス範囲も決済分野に集中している
② FinTech企業のニュービジネスは、既存の金融機関が対応できていない顧客ニーズをとらえている
③ アカウント・アグリゲーションサービスは、個人に特化したサービスである

【設問3】
① 金融のマーケティングでは、顧客の本来の目的よりも金融商品の購買プロセスを理解する必要がある

② 金融機関は、地域社会・経済と密接な関係にあるため、サービス・エコシステムの考え方をもって行動することが求められる

③ 金融機関による与信審査の結果、借入れができない顧客の不満を和らげることをデ・マーケティングという

【設問4】

① 顧客の購買意思決定プロセスは、情報探索⇒問題認識⇒代替案比較⇒購買決定⇒購買後評価の順で行われる

② 金融サービスでは、顧客に感動体験をつくることは不可能ではない

③ 金融商品は媒介財なので、顧客が情報を探すプロセスに金融業界は関与するべきではない

【設問5】

① 企業顧客の本質的なニーズは、収益の拡大である

② 事業性評価は、財務諸表だけではなく定性的な方法も含めた企業分析を行う必要がある

③ 金融サービスを地域経済の活性化につなげるためには、感情的な価値よりも金銭的な価値が求められる

〈回答〉
【設問1】③（第4章4.1(1)参照）　【設問2】②（第4章4.1(3)参照）　【設問3】②（第4章4.2(1)参照）　【設問4】②（第4章4.2(4)参照）　【設問5】②（第4章4.2(5)参照）

おわりに

　本書は金融サービス業に従事する人が必要とするサービス・マーケティングの基礎知識の教科書として執筆しました。金融という媒介財の役割は、顧客の本来ほしいモノ・コトのサポートなので、結果的にモノのマーケティング、コトのマーケティングの教科書、つまり金融には限定されないものとなりました。その意味で、どのような業種の方にも参考にしていただける内容になったと自負しています。

　本書には、明治大学専門職大学院グローバル・ビジネス研究科のほか、同志社大学や中央大学での筆者の講義内容が反映されています。講義のなかで、さまざまな質問やコメントを投げかけてくれた社会人MBA学生の皆さんに感謝したいと思います。彼らの実務経験からくる新鮮な疑問や、理論の実務適用に際しての困難などは本書を書くうえで非常に参考になりました。

　また、株式会社マーケティング・エクセンスのクライアントの皆様、全国信用金庫協会で筆者が執筆させていただいた通信講座の教科書の関係者の皆様、一般社団法人金融財政事情研究会の谷川理事、研究室アシスタントの丹野愼太郎氏にこの場でお礼を申し上げます。

　本書が従来の金融の枠を超えて、本来の金融の役割、顧客の事業を成功させたり、生活の質を向上させたりすることに真剣に取り組む方々の参考になれば幸いです。

事項索引

【数字】
3C分析 …………………… 30
4C分析 …………………… 30
4P ………………………… 59
5フォーシズ分析 ………… 45
7P ………………………… 125

【英字】
AMA ……………………… 4
AMAマーケティング定義 … 5
BtoB ……………………… 137
BtoC ……………………… 126
FinTech …………………… 117
Heterogeneity …………… 81
IHIP ……………………… 80
Inseparability …………… 82
Intangibility ……………… 80
Marketing ………………… 2
Participants ……………… 86
Perishability ……………… 83
PEST分析 ………………… 31
Physical Evidence ………… 88
Place（流通・チャネル）… 60
Price（価格）……………… 60
Process …………………… 86
Product（商品）…………… 59
Promotion（販売促進・プロモーション）……………… 61
STP ……………………… 125
STP分析 ………………… 49
SWOT分析 ……………… 33
VRIO分析 ………………… 37

【あ】
売れる仕組みづくり ……… 4

【か】
外部従業員 ……………… 103
隠れたロイヤル顧客 ……… 24
関係性マーケティング …… 8
感情価値 ………………… 17、105
機会 ……………………… 36
機会（オケージョン）セグメント ……………………… 52
希少性 …………………… 37
機能価値 ………………… 16
脅威 ……………………… 36
共創価値 ………………… 15
共創マーケティング ……… 11
金銭ではない価値 ………… 105
金融自由化 ……………… 115
クラウドファンディング …………………… 114、138
経済価値 ………………… 37
経済のサービス化 ………… 73
購買決定 ………………… 132
購買行動 ………………… 23
購買後評価 ……………… 133
顧客満足 ………………… 22
顧客ロイヤルティ ………… 22

【さ】

サービス・エコシステム
　……………………… 97、124
サービス・トライアングル
　………………… 15、95、124
サービス・マーケティング戦
　略…………………………… 73
サービス・マーケティング・
　ミックス7P………… 85、125
参加者………………………… 86
シェアリング・サービス…… 11
事業性評価………………… 137
消費のサービス化…………… 78
情報探索…………………… 129
消滅性………………………… 83
人口動態（デモグラフィッ
　ク）セグメント…………… 51
心理的（サイコグラフィッ
　ク）セグメント…………… 51
心理的ロイヤルティ…… 23、24
ステークホルダー…………… 11
セグメンテーション………… 50
属性（デモグラフィック）セ
　グメント…………………… 51
組織…………………………… 37

【た】

ターゲティング……………… 53
代替案比較………………… 131
知識価値……………… 17、105
長期共創価値……………… 104
地理的（ジオグラフィック）
　セグメント………………… 51

強み…………………………… 33
提供過程……………………… 86
テストマーケティング…… 138
同時性………………………… 82
ドラッガー…………………… 3

【な】

内部顧客…………………… 103
ニーズ喚起………………… 127
偽のロイヤル顧客…………… 24

【は】

媒介財……………………… 121
不可分性……………………… 82
不均質性……………………… 81
ポーター……………………… 97
ポジショニング……………… 54

【ま】

マーケティングの定義……… 2
マーケティング・ミックス
　4P…………………… 58、59
無形性………………………… 80
モノからコトへ……………… 73
模倣困難性…………………… 37
問題認識…………………… 127

【や】

有形化………………………… 88
弱み…………………………… 33

【ら】

ロイヤルティ ………………… 23

労働のサービス化 ………… 77

■著者略歴■

戸谷　圭子（とや　けいこ）

株式会社マーケティング・エクセレンス　マネージング・ディレクター。あさひ銀行（現りそな銀行）出身。1999年金融サービス業に特化したコンサルティングファームである株式会社マーケティング・エクセレンス設立。同時に研究者として東洋大学、同志社大学大学院を経て、現在の明治大学専門職大学院でサービス・マーケティングの教鞭をとる。金融マーケティングの最先端の研究者であり実務家でもある。京都大学経済学部卒、筑波大学博士（経営学）。

KINZAIバリュー叢書
ゼロからわかる　金融マーケティング

2019年1月23日　第1刷発行

著　者　戸　谷　圭　子
発行者　倉　田　　勲

〒160-8520　東京都新宿区南元町19
発　行　所　一般社団法人 金融財政事情研究会
企画・制作・販売　株式会社きんざい
出版部　TEL 03(3355)2251　FAX 03(3357)7416
販売受付　TEL 03(3358)2891　FAX 03(3358)0037
URL https://www.kinzai.jp/

DTP・校正：株式会社友人社／印刷：株式会社日本制作センター

・本書の内容の一部あるいは全部を無断で複写・複製・転訳載すること、および磁気または光記録媒体、コンピュータネットワーク上等へ入力することは、法律で認められた場合を除き、著作者および出版社の権利の侵害となります。
・落丁・乱丁本はお取替えいたします。定価はカバーに表示してあります。

ISBN978-4-322-13417-9